中国特色竞技网球职业化发展模式研究

刘保华 著

北京体育大学出版社

策划编辑　赵海宁
责任编辑　原子茜
责任校对　赵红霞
版式设计　久书鑫

图书在版编目（CIP）数据

中国特色竞技网球职业化发展模式研究/刘保华著. —北京：北京体育大学出版社，2018.12
ISBN 978-7-5644-3150-1

Ⅰ.①中… Ⅱ.①刘… Ⅲ.①网球运动-竞技体育-发展模式-研究-中国 Ⅳ.①G845.2

中国版本图书馆CIP数据核字（2018）第301176号

中国特色竞技网球职业化发展模式研究　　刘保华　著
ZHONGGUO TESE JINGJI WANGQIU ZHIYEHUA FAZHAN MOSHI YANJIU

出版发行：北京体育大学出版社
地　　址：北京市海淀区农大南路1号院2号楼4层办公B-421
邮　　编：100084
网　　址：http：//cbs.bsu.edu.cn
发 行 部：010-62989320
邮 购 部：北京体育大学出版社读者服务部010-62989432
印　　刷：北京虎彩文化传播有限公司
开　　本：710mm×1000mm　1/16
成品尺寸：170mm×228mm
印　　张：7.75
字　　数：135千字
版　　次：2018年12月第1版
印　　次：2018年12月第1次印刷
定　　价：40.00元

前　言

竞技网球职业化发展道路是世界网球运动的历史趋势，我国竞技网球事业同样面临职业化。但目前，我国竞技网球的职业化发展道路和西方较为成熟的网球职业化发展道路存在较大差异，运动员培养方式、职业化模式、运动员管理等许多现实问题，制约着我国竞技网球职业化的进一步发展。因此，目前寻找一条既顺应世界竞技网球职业化发展，又适合中国国情，具有中国特色竞技网球职业化发展的道路已经成为我国竞技网球运动可持续发展亟待解决的突出问题。进行中国特色竞技网球职业化发展道路的研究，不仅能够完善中国特色竞技体育发展道路的内容体系，而且能够极大地丰富网球运动理论体系。

为促进我国网球的国际化进程，提高我国竞技网球竞争实力，促进我国竞技网球的可持续发展，本研究从现代产业理论视角，综合利用管理学、经济学、体育学等多学科的理论知识，运用文献资料法、特尔菲法、深度访谈法、案例分析法、SWOT分析法、数理统计法、逻辑分析法等科研方法，针对我国竞技网球存在的现实问题，探索我国竞技网球职业化特征及存在的主要问题，研究有中国特色的竞技网球职业化道路，试图构建出具有中国特色的竞技网球职业化发展模式，为我国竞技网球的职业化发展提供科学依据。

本研究的主要结论与对策有如下几个方面。

(1) 中国特色竞技网球职业化发展模式为举国体制与职业化相结合的双轨制发展模式，即在举国体制下培养运动员，而在完全职业化的国际赛制中参赛、赢积分、抢排位、出成绩的双轨制发展模式。

(2) 中国特色竞技网球职业化发展的本质是充分发挥网球举国体制的社会效益和经济效益，实现我国网球事业的全面提升，从而为我国竞技网球走向完全与国际接轨的职业化发展道路做出贡献。

(3) 中国特色竞技网球职业化发展的目标是实现我国竞技网球由专业化向职业化转变，提高我国竞技网球整体实力和水平。

(4) 进一步明确我国竞技网球职业化改革的目标。明确我国网球职业化改革的主要目标，是在职业化进程中必须紧紧围绕和抓住不放的根本问题。我们应该将提高竞技运动水平和成绩、增强我国网球的国际竞争力作为我国网球职业化改革的主要目标。具体说来，就是要使我国网球通过职业化改革尽快地冲出亚洲，走向世界，在以奥运会为最高层次的国际竞技体育比赛中取得优异的成绩。

(5) 优化网球运动的管理机制体制，在对运动员做好管理工作，提供更多的支持帮助、更优的设施和指导服务等的同时，也要实现对人员的人性化、尊重化管理，切实促进我国网球职业化发展。同时，还应健全和完善与职业化相适应的协会管理机制。

(6) 改革、完善我国运动员的投入与回报机制。依照职业网球基本规律与要求，结合国情，争取有利政策，逐步改革运动员的投入与回报机制，在充分体现国家和集体利益的前提下，最大限度地提高和保护运动员、教练员的经济利益，激发他们训练及比赛的积极性。

(7) 积极拓宽人才培养途径、改革与完善竞技网球人才培养机制。目前后备人才接续不上的矛盾依然十分突出，面对职业化、市场化的挑战，后备力量的严重缺乏这一现状已是制约我国竞技网球可持续发展的一道难题，自然也会影响我国竞技网球职业化的进程。

(8) 积极开拓市场，优化赛事经营模式。网球市场是一个拥有巨大潜力和广阔前景的市场，现在我国的网球市场不够成熟和完善，但走势却是良好的。因此，我国应在全国各地举办更多的国内网球赛事和国际网球排位赛，鼓励和吸引我国拥有雄厚实力的大型企业集团把网球作为展示其企业形象、扩大市场影响力的重要媒介之一，努力争取企业更多的赞助资金，而不是仅仅局限于提供实物、服务等。

目录

Contents

第一章 导论

第一节 问题的提出

竞技体育职业化是社会高度发展的产物，是商品生产和社会市场经济发展的必然结果。随着我国社会主义市场经济体制的逐步建立和完善，在国际竞技体育，特别是奥运会的商业化和职业化的影响下，我国许多竞技体育项目开始走市场化、职业化的发展道路。

网球运动自1885年前后传入我国以来，在我国的发展已有100多年的历史。但在1978年前，网球被视为贵族运动，参与者极少。改革开放后，随着我国国力的增强和人民生活水平的提高，网球运动得到空前的快速发展，人们已把网球当成一种健身娱乐方式，与此同时，我国网球竞技水平也不断提高。2002年釜山亚运会后，我国网球确立了“必须走职业化道路”的指导思想，在“以女子为重点，以女子双打为突破口”的战略方针指导下，密切结合我国网球发展的实际情况，遵循国际网球职业化发展规律，积极探索具有中国特色的网球职业化发展道路。2004年雅典奥运会网球赛，李婷、孙甜甜获女双冠军；2006年澳大利亚网球公开赛（简称“澳网”）及温布尔顿网球公开赛（简称“温网”），郑洁、晏紫获女双冠军；2008年澳大利亚网球公开赛，孙甜甜、泽蒙季奇获混双冠军，这是孙甜甜的首个大满贯冠军；2011 年李娜获得法国网球公开赛（简称“法网”）女单冠军，成为我国乃至亚洲在网球四大满贯赛上夺得的第一个单打冠军。虽然目前我国女子网球在国际职业网坛迈出了重要一步，但并不表明我国网球职业化已经真正走入正轨，我们还应该看到，在我国优秀女子网球运动员不断取得突破的同时，国内多数后备网球运动员的世界排名还在百名之后，还不能对世界优秀网球运动员形成冲击，男子网球运动员目前的世界排名更加靠后一些，连直接参加世界高水平比赛（如 ATP 赛事，即职业网球联合会赛事）的资格都没有。我国男子网球的情况与后备力量严重不足等问题仍然困扰着我国网球的发展。

经过职业化改革的实践和探索，我国网球在社会化程度、训练、资金来源、人才储备等方面比在计划经济体制下的专业网球获得了更大的进步和提高。我国女子网球已经从通过职业化走向世界网球舞台转变成为世界关注和重视我国网球。

我国网球事业之所以能够在较短时间获得突破，得益于我国竞技体育的举国体制，举国体制将有限的人力、物力、财力集中，上下形成合力，充分体现出社会主义制度集中力量办大事的优势。但是，随着运动成绩的突破和竞技水平的提高，我国网球职业化改革在观念、技术、制度及组织行为方面不断出现矛盾和冲突。这些表面现象的背后隐藏着的是传统路径对改革的制约。改革的实践表明，我国网球职业化改革虽然取得了一些宝贵的经验和成果，却依然面临着严峻挑战。

当前，摆在我国网球面前的任务是很重的，如何走好职业化道路还需要更加深入地探索与研究。尤其是在我国女子网球运动员取得一定的突破之后，如何促进我国竞技网球运动持续、健康、平稳发展，如何加快职业化步伐，进一步推进我国女子网球运动员水平的提高，从而带动我国网球运动整体水平的发展，已成为目前迫切需要研究和探讨的课题。因此，弄清我国网球运动发展的现状是非常有必要的，它将有助于我们找准自己的位置、看清形势，把握我国网球发展的状况，分析阻碍我国网球发展的真正原因，为我们制定相应的网球方针、政策提供智力支持，为此，本书将以我国竞技网球职业化发展的现状为基础，并在此基础上进行下一步的研究与分析，发现我国竞技网球职业化发展中取得的成就和不足，以及我国竞技网球未来发展过程中可能会遇到的机遇和挑战，并结合我国竞技网球发展的指导思想，制定出切实可行的对策，使竞技网球职业化发展中取得的成就得以延续、不足得以完善，从而保证我国竞技网球职业化的发展能够顺利进行下去并取得最终的成功。

第二节 研究目的与意义

一、研究目的

首先，研究中国特色竞技网球职业化发展模式，对我国竞技网球运动的发展实践起到方向性指导作用，推动该项目的可持续发展。

其次，通过运动项目的辐射与示范作用，对我国其他竞技体育项目的职业化发展起到引领作用。

最后，本研究为国家体育总局网球运动管理中心等体育行政管理部门进行竞技体育职业化发展道路的战略决策和政策制定提供参考，进而在一定程度上保证其决策的科学性、合理性、可操作性。

二、研究意义

首先，走竞技体育职业化发展道路已经成为新形势下我国竞技体育改革与发展的方向。2008 年北京奥运会后，胡锦涛提出我国由体育大国向体育强国迈进的目标，这一目标是实现中华民族伟大复兴的历史任务，同时又是对我国体育事业在今后一段时期内贯彻落实科学发展观、面向未来发展目标的科学定位。

其次，竞技体育走职业化发展道路是新时期积极探索有中国特色竞技体育发展道路的重要组成部分。竞技网球作为职业化程度较高的项目在我国近年来发展迅速，而且在职业化实践方面积累了一些宝贵经验，但与西方较为成熟的网球职业化发展道路之间仍存在较大差距。因此，目前寻找一条既能适合我国国情，又顺应世界竞技网球职业化发展的道路已经成为我国竞技网球运动可持续发展亟待解决的突出问题。

再次，进行中国特色竞技网球职业化发展道路的研究，不仅能完善中国特色竞技体育发展道路的内容体系，而且能极大地丰富网球运动理论体系。探索我国竞技网球职业化特征及存在的主要问题，同时研究出有中国特色的竞技网球职业化发展道路，可为我国竞技体育向职业化道路发展提供理论支撑。

最后，本研究成果能为国家竞技体育项目走职业化发展道路的战略决策和政策制定提供科学依据，有力地推动我国部分竞技体育项目的职业化发展进程，促进我国竞技体育项目管理实践的科学化。

第三节　我国职业网球赛事发展演变

网球是一项高度职业化的体育项目，它拥有独特的文化内涵和相对完善与密集的竞赛市场，随着社会经济的发展和人均收入水平的提高以及消费结构的变化，网球运动在我国普及率不断提高，更多的网球赛事在我国举行。网球运动自从 19 世纪传入我国后，就凭借它独有的赛事魅力迅速地发展。尤其是李娜在 2011 年法国网球公开赛和 2014 年澳大利亚网球公开赛分别夺得大满贯赛冠军之后，网球运动更是以高端姿态在我国社会领域中广泛传播。更多的职业网球赛事也形成了体育领域中最具有商业经济、文化传承特色的亮丽风景线。

北京和上海都是国际大都市，都是焕发美丽青春激情的城市，都以一个现代化的姿态出现在世界上。当然在网球赛事方面，北京和上海也具有良好的群众和经济基础，中国网球公开赛（简称“中网”）、上海网球大师赛、高校大学生网球公开赛，业余赛事数量一直位于全国前列。中国网球公开赛于 2004 年创办，是国内级别最高的网球赛事，经过多年的沉淀，中网的水平不断提高，各方面较为完善，已经成了亚洲最大、最高级别的网球赛事。作为我国最大的网球赛事，中网带动着我国网球的不断突破，同时为北京成为国际化体育中心和国际化大城市起到了重要的作用，不仅提高了我国网球竞技水平，而且带动了体育产业的发展。我国网球赛事的发展顺应时代发展潮流，是我国改革开放与世界职业体育相结合的产物，我国网球职业化为我国职业体育的发展和经济的增长做出了重要贡献，因此回顾中网、上海网球大师赛两项国际网球赛事的发展历程，总结其发展过程中的经验与教训，对两座城市网球职业化发展道路具有重要意义。

一、我国职业网球赛事发展的阶段

（一）初级萌芽时期（1993—2001 年）

首先，如果追溯我国职业网球赛事的开端，应该非中国网球公开赛莫属了。中国网球公开赛前身为香港沙龙网球公开赛，1993 年开始，在经历了举办和撤销，然后又恢复的三个阶段以后，已经拥有了 ITF 青少年组、ATP 男子、WTA 女子三大网球组织的赛事举办权，而且是亚洲唯一一项以国家命名的职业网球赛事。中国网球公开赛的举办不仅带动了我国网球运动的发展与普及，而且还为我国年轻的新生代网球运动员们参加世界顶级赛事创造了不可多得的机会，成功促进了本土运动员个人技战术水平的提高与比赛经验的丰富。同时，中国网球公开赛的举办也为众多网球运动爱好者提供了良好的观赛氛围，让更多的国内网球爱好者有机会共同感受竞技体育带来的紧张、压迫感以及竞技网球所带来的魅力，感受世界顶级球员在职业网球比赛中给观众带来的视觉盛宴。

其次，我国职业网球赛事的发展历程，无疑让人想到上海网球大师赛，它的原名是上海喜力网球公开赛。1997 年，上海巴士集团斥资 112 万美元收购 ATP 巡回赛上海站的举办权获得批准后，1998 年在上海举办了第 1 届上海喜力网球公开赛，成为上海职业网球赛事发展的开端。上海喜力网球公开赛作为 ATP 系列赛事之一，其级别与四大满贯赛相比较低，正是由于奖金和级别相对较低，世界顶级球员对于类似赛事的一贯做法便是拒绝参赛。主办方上海巴士集团为了呈现精彩赛事，在面对明星级球员悉数缺阵的情况下，特邀请张德培等知名网球运动员参赛，以此来迎合场内外观众的视觉盛宴和消费需求。可以说，上海喜力网球公开赛的举办，从一个侧面说明了上海网球运动新阶段的到来，它使得网球这项优雅且具绅士风度的运动逐渐走进了上海人民的生活当中，并在上海市政府、相关单位及上海巴士集团的共同精心培育下，得到了 ATP 组织的认可和赞许。与此同时，高起点、国际化的赛事标准，使得引进海外高水平、专业化的赛事组织人才成为可能。然而，梳理文献资料发现，当时由于网球运动在上海刚刚起步，民众普及程度尚未达到一定高度，1997 年的《上海市网球运动发展情况调研报告》统计显示，“上海市每周打 2 次网球的人口不到 2 万人，整个上海市网球场地不足 200 个”。这些数字直观地说明了网球运动在当时的上海还处于萌芽阶段。可以说，上海喜力网球公开赛的存在，对于上海乃至我国来说，其意义已不再是单纯的赛事本身的技术较量所散发出的愉悦精神和视觉体验，而是迈向更为深层的民众参与度。上海喜力网球公开赛并非开创了历史，但却在一定程度上促进了我国网球运动的普及和推广。

（二）中期探索时期（2002—2008 年）

首先，中网在 2004—2008 年 WTA 赛事中，以跨越式的速度由二级赛事升级至国际超五巡回赛，在 2009 年时赛事再次全面升级，成为仅次于四大满贯赛的 WTA 国际职业网球巡回赛——全球仅 4 站的皇冠明珠赛，冠军积分为 1 000 分，奖金总额不低于 450 万美元。在 2009 年 ATP 赛事中，中网从三级赛事升级至仅次于四大满贯赛和大师赛的全球 11 站之一的 ATP500 积分赛事，冠军积分为 500 分，总奖金不少于 200 万美元，可以说是质的飞跃。青少年巡回赛是中网赛事的重要组成部分之一，主要是挖掘网球后备力量。在比赛场地方面，赛事 2004—2008 年在北京光彩网球中心举办，观众总座席数 12 300 个，中心球场座席数 10 800 个。直至 2009 年，为了将赛事举办地与国际接轨，可以容纳更多海内外的观众，赛场迁至北京国家网球中心，总座席数达 17 400 个。此外，赛事为保障运动员的比赛顺利进行，在 2006 年首次启用“鹰眼”技术为中网赛事服务。

其次，在 2007 年，上海与 ATP1000 正式签约，获得 ATP1000 大师系列赛的永久举办权，成为亚洲第一个拥有 ATP1000 大师系列赛举办权的城市，该赛事全球共 9 站，分别为蒙特利尔网球大师赛、蒙特卡洛网球大师赛、辛辛那提网球大师赛、罗马网球大师赛、印第安维尔斯网球大师赛、迈阿密网球大师赛、巴黎网球大师赛、马德里网球大师赛和上海网球大师赛，规模仅次于四大满贯赛。2009 年 10 月，上海 ATP1000 大师赛首次举办，并在 2009 年、2010 年、2011 年连续 3 届获得“年度最佳 ATP1000 大师赛”的殊荣。2012 年上海劳力士大师赛，赛期为 9 天，总奖金为 868.75 万美元，纳达尔、德约科维奇、费德勒、穆雷等世界排名前 20 的运动员全部亮相上海，门票销售也创下了历史之最。

（三）成熟发展时期（2009 年至今）

首先，在 2009 年，国际网球协会（ITF）决定批准中网自 2009 年起进行全方位升级。升级后的中网在赛事级别、规格、奖金与签表席位上都有了明显的提升。中网由此前的男女赛事总奖金为 110 万美元的赛事升级为男子 ATP500，总奖金高达 200 万美元，赛事积分为 500 分，单打有 32 个正签席位，一半以上的 ATP 排名前 20 的球员悉数参赛；中网 WTA 赛事升级为皇冠明珠赛，全球仅设置 4 站比赛，级别仅次于四大满贯赛，赛事积分是 1000 分。升级后的中网赛事综合影响力进一步提升，男女赛事的总奖金达到 650 万美元。以 2009 年为新的起点，中网进入了快速发展的轨道，赛事奖金不断攀升，在 2013 年，赛事的总奖金高达 875 万美元。在全球范围来看，中网赛事的综合规格与实力稍落后于久负盛名的四大满贯赛。

其次，在 2009 年，上海 ATP1000 大师赛为吸引更多球迷现场观看高水平较量提供了丰富的比赛资源。从 2009 年到 2010 年，上海 ATP1000 大师赛每年 10 月中旬举行，正选赛 56 个签位。其赛程共 9 天，包括 1 天预选赛、8 天正选赛；比赛数量为 21 场单打预选赛、55 场单打正选赛、23 场双打，共 99 场高水平对决。这样就更加有助于上海网球赛事更好地发展，有助于上海城市体育人口尤其是网球人口的增加，更能促进上海体育产业又好又快地发展。

二、中国网球公开赛赛事发展规模的状况

（一）奖金与积分分析

中国网球公开赛是一项在北京举行的职业网球巡回赛，2004 年为赛事元年，最初为职业网球联合会（ATP）和女子网球联合会（WTA）的二级巡回赛；2009 年，赛事全面升级为 WTA 皇冠明珠赛、ATP500 赛，同期还举行了 ITF 青少年赛，是国内唯一的男女合赛赛事，也是亚洲级别最高、奖金最多、参赛人数最多、影响力最广的男女综合性网球赛事。2017 年中国网球公开赛于 9 月 24 日—10 月 8 日在国家网球中心举行。因为中网赛事所包含的 ATP 和 WTA 比赛都只是普通的巡回赛，所以冠军积分少，而且男女奖金和积分不同。当时受我国网球运动群众基础薄弱、大型网球赛事组织经验缺乏、中网公司内部发生了股份变动等诸多因素的影响，中网的运作非常艰难，资金周转困难，赛事的奖金非常少。网球是一项高度职业化的运动项目，职业网球赛事都带有浓厚的商业化色彩。举办一场职业网球赛事是一项需要耗费巨资的工程，以网球四大满贯赛中最为年轻的澳大利亚网球公开赛为例，2019 年澳网的总奖金由 2018 年的 5 500 万澳元飙升至 6 050 万澳元，约合人民币 2.96 亿元。由于中网赛事奖金少和赛事级别低，很难吸引世界著名球员参赛。四大网球公开赛之所以能够赢得大牌球员的青睐，与巨额的比赛奖金有着密切的联系。中网并没有实现完全意义上的市场化运作，当时国内的网球赛事市场还处于开发阶段，中网赛事的奖金与同级别的其他国际巡回赛相比，只是处于中等水平，与同时期的四大满贯赛相比，更是相差甚远，所以中国网球公开赛在奖金方面还需要加大支出，提高赛事质量。2016 年中国网球公开赛的奖金和积分见表 1 – 1。

表 1－1　2016 年中国网球公开赛的奖金与积分分析

	冠军	亚军	半决赛	1/4 决赛	第二轮	第一轮
男子积分	500	300	180	90	45	0
男单奖金（美元）	663 000	311 000	154 000	77 000	39 000	20 000
女子积分	1 000	450	300	215	120	65
女单奖金（美元）	11 110 000	556 000	271 000	130 000	62 000	30 000

（二）中国网球公开赛场地设施与时间安排分析

2004—2008 年中网比赛场地是北京光彩网球中心，其位于北京市丰台区，于 2004 年建成，占地总面积为 8 万多平方米。北京光彩网球中心仅有中央球场 1 片，配有观众座椅 10 800 个，外围主赛场 2 片，配观众座椅，以及外围练习场地 12 片。有资料表明，在欧美网球强国中，仅一个网球俱乐部就有几百块网球比赛训练场地。中网作为一项职业网球赛事，比赛训练场地的面积及数量显然不够，这种硬件上的不完善明显阻碍了赛事本身的健康持续发展。

除此之外，中网比赛的时间一般都是在每年美国网球公开赛结束之后，处于职业球员赛季尾端，许多球员由于常年四处征战，出现了伤病等状况，再加上中网的奖金和积分都比较低，对网球选手的吸引力明显不足。有 2 届比赛中网甚至还出现了著名选手退赛的情况。为了让比赛好看，举办方就要支付出场费，邀请顶尖选手。2005 年支付当时世界排名第 2 位的纳达尔的出场费大概在 40 万美元，光出场费一年可能需要近 200 万美元，比公开赛总奖金还要多，却得不到世界顶尖选手的重视。

（三）中国网球公开赛观众人数与赛事影响力分析

中国网球公开赛由于赛事成立不久，不像其他四大满贯赛有着自己的历史，中网缺乏历史文化的积淀，赛事影响力明显不足，观众流量十分有限。我国的网球运动群众基础十分薄弱，很难引起普通公众的关注，票很难卖出好价钱。由于对网球市场的盲目自信，经营者没有根据当时的社会经济环境及群众网球普及程度做客观分析，加上没有网球赛事的组织经验，所以近几年的网球比赛上座率很低，而且还出现组织秩序混乱、志愿者管理混乱等诸多问题。

（四）中国网球公开赛赞助商数量与赛事转播分析

首先，体育赞助的定义是企业借助体育自我营销的行为，是企业新兴的一种营销策略。国外的职业赛场发展较早，赞助市场也较为成熟，体育赞助这一商业行为在国外已经有很长的历史。我国特殊的举国体制，使体育赞助在我国才刚刚起步。不过近年来，随着我国大球联赛制度的建立，越来越多的企业开始借助体育赛事来树立企业品牌。由于中国网球公开赛微弱的社会影响力，很难吸引到大牌赞助商的关注，中网赞助商呈现出级别低、数量多的特征。企业主要想借助赛事影响力来营销自己，扩大自身的知名度。由于刚刚创办的中网赛事影响力不够，大多数企业对中网的商机持观望态度，不愿意赞助太多的资金。

其次，中网的转播商对象根据区域划分，可分为国内转播商（不包括港澳台地区）与国外转播商。中网赛事国外的转播权则归属于 ATP 和 WTA 男女两大网球协会负责运转，负责中网赛事海外转播权的出售。中网在 2004—2008 年，由于国内电视转播市场还处于开发阶段，加之国内网球观众人数偏少，基本上中网的电视转播被中央电视台一家独揽，所取得电视转播收入几乎为零。中网赛事期间，中央电视台体育频道每天都会进行长达 10 小时左右的比赛转播，有利于宣传中网。但是中央电视台对中网赛事电视转播权的垄断，也进一步阻碍了中网电视转播权的开发与发展。在国内，中央电视台拥有绝对的垄断地位，电视转播权无法根据市场规律经营。中央电视台的这种垄断属于政府的垄断，其垄断性只能随着我国向市场经济的转型而改变，是一个漫长的过程。体育赛事转播权作为一种经济资源，应该将其全面推向市场，按照价值规律来实现资源的有效配置。网球赛事无法引起顶级巨星的参与，也就很难吸引民众的关注度，赛事的电视转播权就很难卖到好的价格。赛事转播权能否卖出好的价格，从侧面印证一项赛事的影响力。因为通常情况下，一项知名度高的体育赛事，转播商是愿意高额购买转播权的。通过直播该项赛事，电视台可吸引到更多的关注和广告商。从某种意义上来说，转播商和赛事运营方是互惠互利的关系。

三、上海网球大师赛赛事发展规模的状况

（一）奖金与积分分析

2016 年上海网球大师赛 10 月 5 日—12 日在上海举行，此次赛事总奖金为 6 521 695 美元，其中男单冠军奖金为 798 540 美元，同时还将收获 1 000 分的积分。上海网球大师赛选手参赛资格：参赛选手是由“ATP 排名”（ATP Champions Race）决定的。从每年的 1 月 1 日起，选手从四大满贯赛、9 个大师系列赛和个人成绩最好的 5 站 ATP 巡回赛上获取积分，到每年最后一场 ATP 巡回赛结束后的周一为止，并在“ATP 排名”中位列前 7 的选手有资格进入大师杯，第 8 个名额则留给排名前 20 并且是当年的四大满贯赛冠军之一的选手，如果所有的大满贯赛冠军都不能满足这一条件，那么第 8 个名额将由“ATP 排名”上第 8 位的选手获得。2019 年上海网球大师赛的奖金与积分见表 1－2。

表 1－2　2019 年上海网球大师赛的奖金与积分分析

	冠军	亚军	半决赛	1/4 决赛	第三轮	第二轮	第一轮
积分	1000	600	360	180	90	45	10
单打奖金(美元)	1 360 560	667 115	335 750	170 725	88 655	46 745	25 235
双打奖金(美元)	421 240	206 280	103 470	53 110	27 450	—	14 480

单打比赛形式：比赛采用的是小组赛单循环赛制。每个运动员和本组的其他选手各交手一次，从而决出每组的前 2，进入半决赛，半决赛的 2 位胜者将进入决赛，角逐年终总冠军。所有的比赛除了决赛都采用三局两胜制，决赛采用五局三胜制。双打比赛形式：两盘加抢 10 分决胜（净胜 2 分）。单打选手分组办法：分为两组，每 4 位选手为一组，8 位种子选手由 ATP 排名决定，头号种子选手被分在红组，二号种子选手则在金组。三号和四号种子选手、五号和六号种子选手、七号和八号种子选手将分别捉对抽签，抽到第一支签的将被分在红组。每位选手都

必须与同组的其他 3 位选手交手。每组的前 2 晋级半决赛，交叉淘汰，胜者进决赛。

（二）上海网球大师赛场地设施与时间安排分析

从 2002 年开始上海网球大师杯赛详细赛程：11 月 12 日开幕，19 日决赛。连续两天小组赛，看尽 8 位大师的精湛球技，与绝大多数 ATP 巡回赛所采用的淘汰赛制不同，网球大师杯赛采用了小组循环赛的赛制。这就意味着每位选手（对于双打比赛则是每对组合）不管成绩如何，一周内至少打满 3 场比赛。所以，如果你观看连续两天的小组赛，就能够看到所有 8 位大师的比赛。赛事的精彩程度很高，通过小组循环赛决出每组成绩最好的前 2，进入周六的半决赛。由于参赛选手均为世界前 8 的网坛高手，强强对抗、势均力敌，因此可以说每场比赛的精彩程度丝毫不亚于大满贯赛的决赛！

在场地设施上，上海旗忠网球中心主赛场可容纳 15 000 人，除设有一般的观众席，还设有贵宾席、记者席（约 150 个席位，其中 60 个席位有工作台），残疾人 20 ~ 30 个席位。主赛场除了能举办世界最高级别的网球比赛外，还可用于篮球、排球、乒乓球、体操等比赛，是一座具有世界一流水准的多功能比赛场馆。

（三）上海网球大师赛赞助商数量与赛事转播分析

在 2017 年上海网球大师赛上，Ruckus（优科网络公司）与赛事主办方上海久事独家赞助商中国电信倾力合作，为比赛工作区提供简单、出色的 WiFi 网络连接，协助媒体工作者顺畅完成比赛直播和即时新闻发布，同时也为现场工作人员的赛事管理工作提供了技术保障。为期 9 天的 2017 年上海网球大师赛巨星云集、高潮迭起，留下无数精彩瞬间，也让我国观众继 2007 年该项赛事后，时隔 10 年再次见证网坛顶级的“费纳决”。高品质、高水准的赛事加上人性化的赛事服务，令该品牌赛事在世界网坛的影响力不断提升。作为一场全球瞩目的国际赛事，现场工作人员需要全面精准地把控比赛的方方面面，确保比赛有条不紊地进行。新闻媒体及工作人员多达数百人，各种移动客户端高度集中，记者及新闻采编人员需要在不受干扰、信号稳定的无线环境下，及时将精彩的大赛报道传播出去。因此，一个高性能的 WiFi 网络连接是每次大赛的重要诉求之一。

上海网球大师赛指定合作伙伴中国电信表示："体育赛事对网络部署的需求具有很大挑战，安装简单、调试方便、性能稳定和易于管理的解决方案才适合赛会使用。继环球马术冠军赛和国际田径钻石联赛之后，Ruckus 实际上已经成为我们的紧密合作伙伴。Ruckus 在业界的口碑、一如既往的技术支持能力是我们赛事品牌的可靠保证。相信我们未来的合作之路将越走越宽。"

四、中网和上海网球大师赛赛事中呈现的经验与不足

（一）赛事影响力和收入比率失衡

中网和上海网球大师赛经过几年的发展，在探索的道路上不断前进，其赛事运作水平也在不断地提升，现在已经形成了稳定的赛事收入结构，由赞助商收入、门票收入、电视转播收入和特许产品经营收入构成。但这些收入的结构比例却呈现很严重的不均衡，从而导致了赛事经营风险度的增加。对比运作上较为成熟的四大满贯赛，中网的赞助收入过高，门票和电视转播收入过低，特许经营权更是只有 5% 左右。电视转播经营一直是职业体育赛事营利的主要渠道之一，而在我国体制这个大环境下，电视转播处于垄断地位，所以中网转播经营得不到很好的发展，未能成为有效的收入来源，这是一个亟须解决的问题。现在我国经济发展速度快，市场需求大，很多企业也争相投入网球这个"大蛋糕"中来，但是过度依赖赞助商，不利于赛事的健康发展，还有可能适得其反。

（二）赛事品牌文化缺失与缺少专业化的管理人才

我国网球经过多年的努力，赛事在质量上已经有了较高的水平，但是在赛事品牌文化的建设上还没有形成自己的特色，没有给消费者足够的识别度，这也就不利于建立自己的客户群，进而阻碍了赛事的发展。当我们谈论四大满贯赛的时候，总会先想起赛事鲜明的文化特点，澳网是年轻的、开放的、创新的、多样化的，它接纳全世界的文化，把它们融合在一起，形成了自身的特点；法网继承了法国人的浪漫和艺术气息，就算没有到现场去体验这种气息，在电视、电脑前也能感受到这股浓烈的氛围，法网的红土地是最特别的，具有很强的视觉效果；温

布尔顿网球锦标赛是最古老、最有声誉的一个，是文明、高雅、礼仪的代名词，青青草地、白衣飘飘形成了一道亮丽的风景线；美国网球公开赛（简称“美网”）是现代商业运作的典范，与现代化大都市纽约很好地融合在一起。无论是中网还是上海网球大师赛，都存在这些文化缺失，应学习和借鉴四大满贯赛。

我国在体育赛事经营和管理方面都缺少成熟的大型的体育经纪公司，缺少高端专业的管理人才，导致只能依靠国外更好更有经验的体育经纪公司。虽然近几年来我国的体育赛事管理公司在逐步增长，但是仍然无法承担职业比赛的商业运作，而在短时间内这种情况不会有太大的变化，我国的职业体育比赛的经营命脉仍掌握在国外的大型体育经纪公司手中。

（三）网球职业化和赛事体制出现矛盾

网球是不同于其他球类运动的一种高度职业化和商业化的运动，国外的大型比赛都是由其网球协会进行一系列的宣传、推广运作的，有完整的赛事体系，同时能与国内体育赛制相契合，有足够的人才储备。相比之下，我国的赛事经营以政府部门为主，体育赛事公司为辅，这就容易导致职权划分不明确、赛事组织效率低、资源分配不合理等问题。赛事的商业化低，没有完整的赛事体系，阻碍了中网和上海网球大师赛的发展，不利于人才的储备，造成了我国网球水平较低，无法与欧美国家形成竞争的局面。

（四）观众的观赛水平和网球意识不足

网球在我国的发展一直很缓慢，普及率过低，大众的网球意识薄弱，观赛礼仪知识也没有得到很好的普及。在网球比赛中，球员需要高度专注才能打好每个球，如果在比赛中观众发出一些声响就很容易影响球员的发挥，而这种情况在中网赛场却屡见不鲜，球员向裁判抱怨也成了常事，这也成了中网一直被诟病的问题，不懂网球是我国观众的标签。我国网球赛事的组织者也没有很好地宣传网球的基本知识，让我国观众更好地理解网球这项运动。我国网球赛事的发展应该是全方位的，显然这点需要努力改善。

第四节 中外竞技网球职业化研究综述

一、我国竞技网球职业化的研究

我国竞技网球要走职业化道路已是不争的事实，近年来关于我国竞技网球职业化方面的研究多集中在陈述我国竞技网球走职业化道路的过程。周军等在《论我国网球职业化“单飞”之路：两朵“单飞”金花同时闯入澳网四强的思考》中认为，以我国网球的发展现状，“先举国，后职业”的中国式“单飞”，不仅是最现实的人才培养模式，也是最终通向职业化的必经过程。只有这样，才能尽早走出一条符合我国国情的体育职业化之路。杨强在《我国青少年网球职业化发展思考》中得出结论，他认为我国青少年网球走向职业化面临文化教育水平偏低，选材困难，后备力量不能呈梯形发展，现有培养模式已经不能适应世界网球内在规律的发展要求，教练员对网球的理解理念不够深、业务水平低，以及管理体制和竞赛体制与国际网球的发展需要相脱节等问题。姜富生等在讨论当前我国网球职业化发展的政策与舆论导向时也指出，我国网球职业化整体发展体系存在着明显的不均衡性，在职业化发展模式上还有待于进一步地完善，并且我国网球运动的群众基础建设尚缺乏科学的政策导向。魏源等在《我国网球职业化进程中存在的问题及对策研究》中也认为，我国网球职业化进程中存在着对职业化的本质认识理解不够，总体竞技水平落后，后备力量培养不足，市场培育不够，职业化运作模式不成熟等问题。因此，要推进网球职业化发展，必须更新理念，在培养后备力量、改革赛制、优化管理人才等方面进行改革。

刘青等在《论中国网球职业化进程》中运用逻辑分析、比较研究等方法，探讨我国网球职业化的背景与起因、特征及不足，提出职业化发展的对策与措施。研究认为，应当进一步明确我国网球职业化改革的主要目标，改革与完善运动员的投入与回报机制，努力拓宽优秀后备人才的培养途径，借鉴我国女子网球、从举国体制与职业化的融合中实现男子网球突破，进行竞赛体制改革，促进网球产业的发展，健全和完善与职业化相适应的协会管理机制等，这将是我国网球职业化必须首先解决的问题。杨麟等从路径依赖理论视角对我国女子网球职业化改革进行分析并得出结论，我国女子网球职业化改革是适应我国政治、经济、社会发展需要，深化竞技体育体制改革，加快与国际职业女子网球接轨，适应现代奥运会发展大趋势而进行的具有重要历史意义的动态过程，作为一个制度变迁过程，我国女子网球职业化改革存在着导致路径依赖的一系列典型特征。我们应把握我国女子网球蓬勃发展的有利契机，顺应时代发展的潮流和趋势，以科学发展观为统领，以举国体制为框架，在遵循职业女子网球基本规律和特点的基础上，结合我国国情，不断求实创新，克服路径依赖的制约，不断深化对职业女子网球属性的再认识，把握职业女子网球的发展趋势和发展方向，利用好职业女子网球这一多元利益聚合和实现的有效激励平台，坚持以职业网球为手段、以奥运争光为最高目标，丰富女子网球项目为国争光的内涵，为实现我国女子网球项目的全面、协调、可持续发展而奋斗。

刘青等在《中国网球融入国际职业网球的障碍与途径》中指出，我国网球要融入国际职业网球必须认真研究国际职业网球的本质、特征与规律，改革与完善运动员的培养机制，高度重视职业化导向前提下的运动员作风培养，进一步完善全国网球竞赛体系，健全和完善与职业化相适应的协会管理机制。孙晋芳在《论中国特色职业网球的探索与创新》中提出，中国特色职业网球发展要进行战略创新——与时俱进，科学把握项目的发展方向；训练创新——突破传统，构建职业训练新模式；机制创新——更新观念，构建优秀运动员培养新模式，包括树立职业网球与奥运目标求同共赢的价值理念，丰富手段；建立符合项目特点的新型管理模式；更加有效地发挥举国体制优势，建立符合项目特点的新型保障机制；按照国家体育总局“积极稳妥不失控”的指示要求，通过建立必要机制，努力实现对优秀运动员的有效管理；积极推进“大国家队”的建设。

从历年的研究成果来看，关于我国竞技网球职业化的研究较少，可以看出近年来我国学者在不同程度对我国竞技网球走职业化道路的相关问题给予关注，但均缺乏系统性和实质性的专门研究。特别是在2008年北京奥运后新背景、新形势、新要求的变化下，在实现从体育大国向体育强国迈进这一目标的前提下，结合我国竞技体育的发展实践，寻找具有中国特色的竞技网球职业化道路的系统研究尚属空白。

（一）我国竞技网球人才培养模式研究

竞技体育的发展是一个国家体育发展水平的重要衡量指标，而竞技体育后备人才的培养是竞技体育的基础。竞技体育人才培养问题一直都是我国体育界的重点研究问题，关于竞技体育人才培养方面的文献多数是围绕着人才培养模式以及现状和对策方面的研究。这些方面的研究又以区域性研究居多，范围都限制在了特殊的区域，对于全国性的竞技体育人才培养模式的借鉴很有限。我国竞技体育在国际上已经达到了高峰，这样的成绩不得不归功于举国体制，举国体制对于竞技体育后备人才的培养及成才运动员的训练都是有力保障。潘迎旭等在《我国竞技体育后备人才培养可持续发展理论分析》中指出，我国的竞技体育后备人才培养要持续发展，就不能超越现阶段我国政治、经济、文化和教育等的发展水平及其承载能力的限制。

杨重甫、周建梅在《后奥运时代我国竞技体育人才培养模式的探讨》中把我国竞技体育人才培养模式分为计划经济下的“金字塔”式的三级训练模式、转型时期的多种模式和近年来的教体集合模式。无独有偶，王向宏等在《我国竞技体育后备人才培养的发展方向》一文中提出，以教育系统为依托，探索以管理机关为主导，通过体教结合培养竞技体育后备人才、建立社会办高级竞技队伍的体系，使人才培养走可持续发展道路是未来我国竞技体育后备人才培养的发展方向。

在网球后备人才培养方面的研究，大部分集中在培养现状的陈述上，并且区域性比较强，不能从宏观上把握我国网球人才培养模式的发展方向。陶志翔等在《中国竞技网球运动现状及其发展对策的研究》中指出：发展我国竞技网球运动，必须加强后备力量的培养。后备力量培养发挥着“兵工厂”的作用，只有做好了“生产工作”，才能源源不断为一线队伍提供人才，保证我国竞技网球的可持续发展。同时，要加大网球普及力度，加强网球教练员的队伍建设。王建、孙正通过对中外网球后备人才培养模式的比较和分析，试图找到对中国网球运动可持续发展的启示，他们认为在强化举国体制优势的基础上，构建具有中国特色的培养模式，继续走竞技体育与职业体育相融合的职业化发展道路是我国竞技体育取得胜利的法宝，适应我国的国情，但同时也暴露出了诸多弊端。

陈一曦通过分析我国女子高水平网球运动员现行培养体制，以及我国女网举国体制下的职业化存在的问题，提出了逐步建立有中国特色的举国体制下职业化体制的构想。张德智通过对我国女子青少年网球后备人才培养现状的调查研究得出结论：现阶段我国女子青少年网球后备人才培养正由传统单一的举国体制模式向多元模式转变；“民间网球学校和俱乐部”“家庭式个人”培养模式凭借自身的优势，可以弥补举国体制单一培养模式存在的不足，对其有一定的促进作用；从事女子青少年网球后备人才培养的教练员数量少、队伍年轻化，大部分教练员执教经验尚浅、知识结构有待完善，高职称骨干教练员人才匮乏。

朱征宇对制约我国竞技网球发展的因素进行分析研究，提出网球普及程度低，培养体制不完善，教练员执教水平不高、训练手段落后是制约我国竞技网球发展的主要问题。

（二）我国竞技网球职业化研究

理论是现实经验的总结与提升。近年来，我国网球职业化发展较快，取得了较为突出的成绩。与之相对应，我国理论界也出现了许多关注我国网球职业化改革的相关研究成果，为了客观认识当前我国网球职业化的研究进展，总结当前我国网球职业化发展的经验与教训，对未来我国网球职业化改革提供对策建议具有重要意义。

我国网球职业化的起源限于当前对我国网球职业化含义的认识模糊，学术界对我国网球职业化起源时间的认识不尽相同。研究人员认为，1998 年中国网球协会（简称“中国网协”）制定并出台《中国网球协会俱乐部章程》，开始在全国范围内推行俱乐部制，模仿国内其他职业化项目在赛制方面进行改革。这一举措成了推进我国网球职业化改革的一种尝试，也是我国网球职业化进程的开端。2008 年年底，我国女子网球开始了职业化改革的探索。从运动员的角度出发，国家体育总局网球运动管理中心推出一种以人为本的新管理模式：彻底职业化运动员 + 国家队集训，即双轨制，亦即有能力的球员可以彻底职业化，进行“单飞”，其他球员则可以继续走国家队，省、直辖市、自治区队集训的专业体制道路。

研究认为，我国网球的职业化道路是大势所趋，问题是我国网球走什么样的职业化道路。网球是商业化、职业化和个体化很强的运动项目。我国网球要走向世界、与世界网球接轨，也必须走职业化道路。2003 年年初，中国网协确立了“坚持走职业化的道路”的指导思想，同时在经费有限的情况下，制定了“以女子网球为重点，以女子双打为突破口”的战略方针，从而为我国网球职业化改革吹响了号角。

对于我国网球职业化起源时间的确定，将是未来体育史的重要关注点，因此我国当前对网球职业化的诸多分析，对我国将来体育史料的收集与佐证具有重要意义。

1. 我国网球职业化动因的研究

我国网球职业化改革是在我国竞技体育改革的宏大背景下进行的。但网球职业化的探索较其他运动项目而言，动因也非常突出。当前，对我国网球职业化的动因的观点，大多秉承如下观点。

第一，现行网球培养体制的缺陷。改革之前，我国网球运动员的培养是举国体制模式。举国体制在训练、赛制以及管理等方面，已经显示出与网球国际化、职业化不相适应的现象。由于网球运动个体性的特点，难免在高度个体化、商业化的赛练系统中造成障碍和负面影响，主要体现在如下方面：①运动员培养组织与管理结构的行政垄断；②现行联赛制与国际网球职业化规律存在严重的矛盾；③后备人才基础薄弱；④“集约化”意识不强。学者在对比中外网球运动员现行的培养体制和途径的基础上，认为我国网球的职业化步伐仅仅局限于比以前参加或举办更多的国际网球排名赛，而运动员的培养模式、训练模式、参与办法等仍然停留在计划经济的框架之下。

第二，我国网球融入世界网球的动力。网球运动的独特性及其职业化发展格局，具有巨大的影响力。网球运动是一项职业化、个性化、国际化、商业化极高的运动，“高度职业化”是该项目的典型特征，高密度、多档次的赛事是网球职业化特征的具体表现。经过上百年的发展，网球运动已经形成了其独特而成熟的体系，具备了一整套固定的运行模式，网球运作系统的每个环节都渗透了职业化特色，甚至影响到奥运会这样独立的赛事。

第三，网球运动改革机会。当前，转变体育发展方式、体育发展观念成为我国政府与学术界关注的焦点，而网球的实践成为我国体育转变发展方式的重要举措。但是网球的职业化变革也是我国运动项目举国体制发展改革的必然结果。进入21世纪以来，随着国家改革开放的不断深入和社会、政治、经济、文化的全面发展，我国网球迎来了千载难逢的发展机遇。我国应利用好职业网球这一多元利益聚合和实现的有效激励平台，坚持以职业网球为手段，以奥运争光为最高目标，丰富网球项目为国争光的内涵；结合网球项目自身的特点，创造性地发挥举国体制的独特优势，举全国之力，聚世界资源，凝世界智慧，打造举国体制优质资源的保障平台，全面推进我国竞技网球的快速健康发展，不断提高我国竞技网球的国际竞争力和可持续发展能力。

综合而言，我国网球职业化动因应该是综合要素决定的，可以说我国网球职业化探索是诸多要素综合作用的结果。网球职业化的原因包括两个方面，一方面是实现国家奥运战略的需要，另一方面是突破国际网球职业赛制对我国网球发展的制约的需要。

2. 我国网球职业化存在问题的研究

虽然现在我国网球取得了较好的竞技成绩，但在探索职业化的进程中，还面临着诸多问题，学术界对我国网球职业化进程中存在的问题进行了研究，这对客观认识当前我国网球存在的问题具有重要意义。

第一，我国网球职业化面临的障碍。网球职业化改革在传统思想观念、行政垄断、训练竞赛体制、后备人才培养模式等方面面临着路径依赖的严峻挑战。当前人们对网球职业化的本质认识、理解上存在误区，网球后备人才不足，可持续发展难以得到保证，网球市场的开发仍受到制约，运动员的个人利益诉求与国家利益的矛盾等成为制约我国网球职业化进一步发展的障碍。

第二，我国网球组织改革滞后。我国学者杨桦指出：在推行网球职业化过程中，现行运动员培养组织与管理结构的行政垄断，是影响我国网球职业化发展进程与国际接轨的一个重要障碍。国家体育总局网球运动管理中心已经具有了类似企业、民间协会和政府派出机构等功能，成了集政府、社会、企业三种功能于一体的特殊产物。也有学者认为，国家体育总局网球运动管理中心和中国网协的

“同一性”导致中国网协社会团体的性质发生了转变，职业网球的发展在实施上变成了一种政府行为，因而中国网协难免会做出一些明显有失公平的规定或限制。这种来自内部的约束和控制，不利于刚刚迈步走上市场经济轨道尝试与国际职业网球接轨的我国职业网球的正常发展。

第三，网球运动员的培养投入问题。有学者认为，训练是无法培养出优秀的网球运动员的，只有通过大量的参赛积累，通过与国际运动员不断地交流，才能培养出在国际网坛有竞争力的运动员。这种培养模式，决定了网球高额的培养经费，但是目前我国资金主要靠政府拨款，数额有限，是无法满足对我国网球运动员高质量的职业化培养的。网球运动员培养的资金投入问题是阻碍我国网球职业化发展的因素之一。有学者对我国网球职业化问题进行专家访谈后发现，大多数教练员赞成运动员“单飞”，认为影响运动员“单飞”的主要因素是运动员的水平和经费。

第四，运动员培养体制问题。我国学者刘青在分析我国职业化发展现状的基础上提出了旧有培养体制对职业化的影响。他指出，我国网球的职业化步伐仅仅局限于比以前参加或举办更多的国际网球排名赛，而运动员的培养模式、训练模式、参与办法等，仍然停留在计划经济的框架之下。这种体制的弊端，造成了我国网球运动员培养与选拔之间的矛盾、国家培养与社会培养之间的矛盾、职业运动员专业训练与普通教育培养之间的矛盾。

第五，网球人才缺乏。竞技体育职业化需要大量人才资源，网球职业化道路需要大量的专门性人才，如网球赛事的运作、策划与推广、代理与经营等。国外的职业网球运动员一般有经纪人，由经纪人处理有关业务，使自己的利益最大化和得到合理保障。在我国，这种由经纪人作为运动员代理的普通现象还没有形成。

第六，“单飞”发展趋势向下的问题。虽然“单飞”这种形式已经取得了较好的成绩，但在实际运行过程中也呈现出一些突出问题，如个人规划难与国家利益相一致；较难进行科学选赛，盲目追求“多快好省”；偏重单打，双打成绩下降；国内赛制与国际赛制的冲突，以奖金及国际排名作为唯一目标难以看重国内比赛等等。基于当前“单飞”存在的问题，进一步提高网球职业化管理水平迫在眉睫。

（三）我国竞技网球职业化发展建议方面的研究

1. 我国网球职业化的制度改革与建设

我国网球在未来应当进一步明确职业化改革的主要目标，改革与完善运动员的投入与回报机制，努力拓宽优秀后备人才的培养途径，借鉴女网、从举国体制与职业化的融合中实现男网突破，进行竞赛体制改革、促进网球产业的发展，健全和完善与职业化相适应的协会管理机制等，这将是我国网球职业化必须首先解决的问题。

2. 举国体制下“单飞”形式的深入探索

研究认为，我国女网成功登顶的因素主要是以举国体制为基础、充分发挥国家办体育的优势，以职业化为途径、坚持走中国特色的职业化道路，紧握项目特点、寻找制胜规律，重视中国特色的思想政治工作、狠抓运动员作风培养。在“登顶”之后，我国女网虽有突破，但并不表明有质的飞跃，还存在职业化水平不高、后备力量不足、教练员数量偏少等问题，为此，要以双打的突破为契机，把战略重点从双打转移至单打，以促进我国网球整体水平的提高。举国体制不会退出历史舞台，但在竞技体育朝向职业化、国际化和商业化的发展趋势中，改革现行的竞技体育体制已势在必行。两相平衡，正好揭示了我国网球乃至我国竞技体育的未来发展方向。当前，需要处理好“单飞”与举国体制的关系，明确认识“单飞”模式是举国体制的创新与延伸，举国体制是“单飞”模式的坚实后盾。

3. 改革我国网球的培养体系

有学者认为，推动我国目前世界职业网球运动员的培养途径主要是通过网球学校。职业网球运动员培养的投资模式主要有四种：家庭投资模式、经纪人投资模式、企业或俱乐部投资模式及国际网球组织推广和发展战略投资模式；应该鼓励我国已初步形成的业余体校、体育运动学校、运动技术学院、俱乐部、网球特色学校、竞技体校等多元化的培养途径和家庭、企业、国家共同投入的多元化投资模式。

4. 双轨制下的网球管理组织改革

在当前我国网球的现实境况下，我国网球的职业化探索都是在国家体育总局网球运动管理中心的管理、指导下进行的，按照我国“职责同构”的管理机构设置，国家网球运动管理部门对我国网球职业化的意义非常深远。有学者认为，在由国家体制向市场化过渡的最初阶段，我们应该清楚地认识、顺应国际网坛的发展趋势，一方面提高运动员的技术水平，另一方面转化项目管理部门的职能，在体制上应继续更新职能，充分调动各方积极性，项目管理组织的核心功能应该以服务和导向功能为主。

具体而言，当前我国网球职业化尚处在探索阶段，需要完善当前的制度建设与组织职能转变，而未来的研究建议应该注重研究成果的可操作性和针对性，尽量通过科学的方式来确定对策建议。

二、国外职业网球发展模式研究

（一）国外职业网球商业化模式

网球职业运动与ITF、ATP、WTA三大组织相互依存、相互影响，形成以四大满贯赛为顶端，ITF巡回赛、青少年巡回赛为基础的“金字塔”式赛事体系，符合现代职业网球运动发展。构建以网球运动竞技水平为核心理念的赛事体系，可为年轻的网球运动员提供更多的成才机会；以项目商业化为目标，构建商业化运作模式，经纪公司加强商业化运作，可提高网球赛事的多重效益影响，促进职业网球运动不断地推广和发展。

目前世界知名赛事累计起来全年有300多个，这些赛事分布在五大洲，几乎平均每天都有，网球运动已成为全球最受瞩目的比赛项目之一。单是四大满贯赛，每年就吸引近200万名现场观众，电视转播170多个国家，收看总人数达150亿人次之多，为举办国带来的经济收入达150亿美元。网球商业化模式之所以有如此影响，一方面得益于网球赛事全球化、商业化的成功运作，另一方面与其具有的强大的健身功能是分不开的。例如，二战后，美国网球人口达到4 000万，平均6个美国人中就有1个人打网球；法国网球人口达到700多万，8个人中就有1个人打网球；日本网球人口也达到800万，12个人中就有1个人打网球；澳大利亚、墨西哥等国几乎是全民在打网球。

在国外，网球运动的商业化价值已被充分开发和利用，如在竞技网球方面，比赛设立丰厚的奖金，吸引着高水平运动员的参与；门票及网球产品的合理开发和利用，广告及电视转播等收入为网球运动的发展注入了无限生机和活力。在业余网球方面同样百花齐放，一方面是国家政府的福利投资，另一方面是俱乐部的运作，如球友会、俱乐部之间的对抗赛、业余晋级赛等组织得正规而又系统，人们置身于网球俱乐部的大家庭中，不仅是在锻炼身体，而且是在感受一种文化，享受着网球带来的快乐。

（二）国外职业网球竞赛模式

目前国际职业网球竞赛的规则规定，赛事资格的获得不以国家报名为基准，而是以运动员个人参加各类 ATP 和 WTA 职业巡回赛、挑战赛以及大满贯赛所获得的积分为入围标准。从 1990 年开始，网球的电脑积分排名采用的是统计 52 周内成绩最佳的 14 项赛事的分数，每名运动员每次比赛所获得分数和击败比自己排名高的运动员的奖励分之和，累计到总分之中，决定其排名的变化。

同时，规则规定了有资格参加四大满贯公开赛的名次，鼓励球员多参加高水平比赛，球员稍有放松就有失去参加重要赛事资格的危险。规则中设有预选赛和外卡，为后起之秀和特殊情况进入高级比赛提供了机会。复杂而严格的积分系统激励着球员参加比赛，而高额的奖金同样对于球员有着巨大的吸引力。为适应这种竞赛办法，世界排名在前 50 的网球运动员每年要参加 60 场左右的比赛，这意味着他们平均每周都要参加比赛，目前国际上每年的网球赛事有 800 多场，几乎每天在世界各地有不同级别的比赛等待着各类运动员参加。

（三）国外职业网球俱乐部运行模式

“俱乐部”是英文“club”的音译，是进行社会交际、文化娱乐等活动的团体和场所，通常由具有共同爱好和相对一致的利益的个体组成，对于传播相关领域的运动具有重要的意义，体育俱乐部也不例外。同样，对于在欧美国家发展有数百年并有着深厚文化底蕴的网球运动来说，网球俱乐部的存在也在网球运动普及传播中起着不可替代的作用，其在西方国家拥有数百年的文化积淀。

第一，俱乐部的收入：主要有门票、总部经营分成、电视台转播权、赞助商广告、授权产品使用权、会员培训费用、会员费等，如瑞典的网球俱乐部的经费来源为当地政府8%、赞助24%、会费23%、地方议会1%、当地权威机构15%、电视转播2%、门票9%，剩下18%由会员自愿捐赠。

第二，俱乐部内部机构设置：内部机构设置比较完善，一般设置了财务、行政管理、法律事务、会员培训、人才资源、营销、公关等部门。

第三，俱乐部所有制：西方大多数国家的网球俱乐部的所有制形式有三种，即个人独资、合资和股份制。其管理机构多为本国的网球协会，成立俱乐部的动机也很简单，即在满足俱乐部营利的基础上普及网球运动。

（四）网球制度

制度就是人类在物质生产过程中所结合成的各种社会关系的总和。社会的法律制度、政治制度、经济制度以及人与人之间的各种关系准则等，都是制度的反映。网球制度是渗透在网球运动体系架构、规章制度、工作流程、岗位职责中的价值观念和风格特色，也是在生成和执行各类制度的过程中所折射出来的价值取向和行为准则。在不同的组织化过程当中，制度的形成过程和作用是有差异的，制度既可以起消极的阻碍作用，又可以起积极的组织作用。具体而言，网球运动制度领域应包括后备人才培养制度、竞赛制度和俱乐部运行制度等方面。

（五）国外职业网球后备人才培养模式

当前国际上典型的投资职业运动员的培养模式有四种：第一种是家庭模式，即从小到大，从投入到产出都是家庭行为，这种模式较普遍，如大家所熟悉的桑普拉斯、阿加西、费德勒、威廉姆斯姐妹等都采用这种模式。第二种是经纪人模式，即运动员与经纪人或经纪公司合作，由经纪人或经纪公司在对运动员做出收益可行性估算的基础上再进行投资，如同买期货一样，运动员在成才之前所有的培养费用都是由经纪人或经纪公司负担的，但成才之后双方按比例分享奖金和广告等收入，采用双方共同收益的模式，辛吉斯、库尔尼科娃、莎拉波娃等在培养过程中都与国际管理集团有过签约。第三种为企业或俱乐部投资模式，这种投资模式回报条件仅局限于广告效益和扩大影响。第四种为国际网球组织推行和发展战略投资模式，属短期和义务的。在培养方式上，目前国际主流同时也是被证明过的最好的方式是专业网球运动学校。目前国际上著名的专业网球运动学校有美国尼克·波利泰里尼网球学校（NBTA）、德国 KTA（Kluon Tennis Academy）网球学校、西班牙桑切斯·卡萨尔网球学校等，经过多年经营和不断探索，它们建立了自己完整而独特的训练教学体系，已经为世界职业网坛培养出一批又一批的顶尖选手。

网球在国际上是个人化程度极高的竞赛项目，因此，国外运动员都以个人的名义参加职业比赛，其竞赛成绩的好坏直接和运动员、教练员团队的收益挂钩。面对巨额奖金的激励和成熟的积分排名系统的压力，运动员会以最大的主观能动性配合教练员团队的安排，而教练员团队也会尽可能周密地对运动员不同周期的训练和比赛进行计划、安排和组织实施。

（六）国外职业网球教练员模式

教练员是运动训练的直接组织者、执行者和管理者，其自身素质的高低对促进项目发展，提高运动员的技战术水平，实现训练、比赛目标起着主导作用。

目前国际上公认的最大的国际性网球教练员资格评定组织是 Professional Tennis Registry，简称 PTR，该组织由丹尼斯·范得米尔（Dennis Van Der Meer）创立于1976 年，原名为 USPTR。2002 年为了突出协会“世界化”的目标，其正式更名为PTR。现在 PTR 已经被 ATP、WTA 等国际网球组织和国家的网球协会认可。PTR所教授的内容都是经过运动生理力学专家研究确认过的，符合最基本的生理学和生物力学原理，可以针对符合生物力学的击球方式展开一系列的合理评定。因此，PTR 职业证书课程培训班适用于对所有水平等级的学员进行授课的研究。PTR 对于教练员的资格要求非常严格，要想成为 PTR 认证的网球教练员，除需要通过最基本的“标准网球教程”之外，还有“双打教程”“心理素质训练”“网球训练方法大全”“教练员运动医学手册”“少儿网球教程”“运动科学手册”“网球企业管理”“运动生理手册”“运动营养手册”“运动教学手册”等课程的考核。因此，PTR 的网球教练员认证可以从根本上保证教练员的业务能力和职业素养。基于此，目前世界上大多数国家选择采用 PTR 认证的网球教练员来作为教练员准入标准。

总之，西方国家网球运动目前已经形成具有稳定性和可持续发展性的网球文化。其表现为：网球场馆的数量多，类型多样，在网球人口普及和竞技网球快速发展、逐步进入休闲社会的背景下，这种局面进一步打开。网球器材制造领域水准也进一步提高，其产品多样，生产品牌网球拍在国际市场上占有份额高；生产网球辅助器材（服装、鞋等）的情况较好。赞助顶级比赛、签约顶尖球员等合作形式登上国际网球赛事的最高舞台，为国际网球运动的发展和网球文化的传播打下了坚实的基础。

网球运动是西方传统文化的产物，西方人在参与网球运动时具有天然的适应性和传承性。网球运动存在强烈的竞争性、对抗性，为促进网球运动的发展，演变出不同的网球竞技理念、技战术风格，世界网球运动也因此得到不断发展和创新。

国外职业网球运动制度领域当中的差异造成了我国网球制度与国际网球制度脱节，通过对西方国家网球制度的学习与借鉴，我国网球制度在培养制度、竞赛制度、俱乐部运行制度等方面做出了相应的改革，使得我国网球运动从中获益不少，但较之西方网球制度，我国网球制度在职业化、商业化、市场化等方面仍显不足。

三、关于对我国职业网球发展模式建议的综述

我国职业网球应以我国女网在国际网坛取得的优异成绩和我国近年来举办的众多高水平国际网球职业赛事为契机，充分利用明星效应，与大众传媒深度结合，广泛借助媒体的宣传，从意识形态上改变我国人民传统的思想观念，提高我国网球在我国的影响力，挖掘出潜在的网球群体，从而进一步推动网球人口的普及和网球运动在我国的传播。

针对我国运动员在网球竞技领域方面身体素质上的先天不足，第一，应该在青少年网球人口普及、有材可选的前提下尽量做到科学选材；第二，加强网球技战术方面的科研工作，结合我国运动员的特点，制定适合我国运动员的技战术训练指导方针；第三，以张德培、郑洁等身材不占优势的优秀运动员为榜样，在训练和实战中培养运动员顽强勇猛的比赛作风，先天不足，后天补足。在运动员培养体制上，要继续深化我国网球职业化改革，借鉴国外青少年运动员培养模式的先进经验，寻求合理的培养经费投入方式，积极与国际职业网球接轨，使我国运

动员真正步入职业轨道，走具有中国特色的职业运动员培养道路。

我国职业网球应完善职业教练员的培养体系，推行岗位聘任制度，运用经济的或非经济的手段制约或激励教练员对待训练与竞赛的积极性；采取“请进来，走出去”等多种方式，为各层次的教练员尽可能多地创造学习和提高的机会，开阔其视野，提高其业务能力。

我国职业网球应进一步改革现行竞赛制度。由于男女水平不一，在男子项目上，要不断完善已初具规模并已初见成效的全国网球职业巡回赛，可适当借鉴足球、篮球等项目的成功经验，实行主客场制，在保证比赛质量的前提下增加比赛场次，解决赛练结合问题，同时把观众吸引到球场上来；在女子项目上，要积极引进国际职业赛事，建立一套与国际接轨、数量合理、级别适当、时间安排科学的竞赛体系；在青少年项目上，也要积极引进国际青少年赛事，增加青少年比赛机会，通过竞赛来促进各级别网球运动员水平的提高。

政府职能部门应给予网球俱乐部政策上的支持与引导。在产权关系上，网球俱乐部运营人员应定位俱乐部的性质，明确俱乐部的责权范围；在管理方面，要学习俱乐部管理方面的知识和经验，完善相应责任部门；在经营范围上，要充分挖掘网球其他方面的效应，在注重网球健身效应的同时也要注重网球娱乐和社交等方面的效应；在资金来源上，要充分地整合和利用现有的网球资源，拓宽俱乐部资金渠道，促成俱乐部的可持续发展，为更好地传播网球运动起到应有的效用，更好地促进网球职业化发展。

第五节　研究思路与内容

一、研究思路

本研究秉承运动训练理论，在明确相关概念的基础上，对我国竞技网球职业化发展的演变进行梳理，提出了有中国特色的竞技网球职业化发展模式，并对该模式的特征进行 SWOT 分析，构建出中国特色竞技网球职业化发展模式的理论体系。具体的研究思路如图 1－1 所示。

选题构思，确定研究方向

↓

阅读、收集、整理我国竞技网球职业化相关文献资料

↓

明确研究目标与内容，确定研究框架

↓

确定研究对象与方法，制定访谈提纲

↓

走访专家学者，对访谈获得的资料进行分析整理

↓

对我国竞技网球发展模式的基础理论进行分析研究

↓

通过分析提出中国特色竞技网球职业化发展模式

↓

对中国特色竞技网球职业化发展模式进行 SWOT 分析

↓

建立中国特色竞技网球职业化发展模式

图 1－1　中国特色竞技网球职业化发展模式理论体系

二、研究内容

本研究共分七个部分。

第一部分：导论，主要阐述本研究的选题依据、研究目的与意义、相关的研究综述、研究思路与内容、研究对象与方法。

第二部分：核心概念的界定，中国特色竞技网球职业化发展模式的提出。

第三部分：国内外职业网球发展模式演变，我国由最初政府主导的举国体制向半职业化发展模式转变，最后走中国特色职业化发展模式；英国、美国及其他典型国家职业化发展模式简介。

第四部分：个案分析——以我国女子网球取得历史性突破为例来系统分析，从管理学、训练学、系统学角度剖析实现历史性突破的成因。

第五部分：中国特色竞技网球职业化发展模式的提出，其特征具有鲜明的时代性、过渡性、双轨性、系统性与女子优先性；对发展模式的机遇、挑战、优势、劣势进行分析，同时对发展模式的意义进行详细阐述。

第六部分：中国特色竞技网球职业化发展模式理论体系构建，从发展模式的发展本质、发展目标、体系重点、发展体制、发展方针、发展保障、发展方向等方面进行构建。

第七部分：结论与建议，主要总结本研究的主要结论、研究的不足以及相关的后续研究。

第六节　研究对象与方法

一、研究对象

本研究以中国特色竞技网球职业化发展模式为研究对象。

二、研究方法

为有效实施本研究，课题组将综合利用管理学、经济学、体育学等多学科的理论和方法。本研究使用的研究方法主要有以下几种。

（一）文献分析法

根据研究需要，在天津市图书馆、天津体育学院图书馆并且利用中国知网等网络文库做文献收集工作，查阅了《网球运动教程》《网球》《网球天地》《广州体育学院学报》《北京体育大学学报》等学者论著和学术期刊以及报纸、网络等与网球职业化有关的文献资料，同时还登陆中国网球协会官方网站、国际网球联合会官方网站、天津体育学院图书馆官方网站，通过计算机检索和中文期刊数据库查阅和整理相关资料近百篇，主要针对竞技网球职业化有关的文献进行了分析。

（二）特尔菲法

为了明确认识竞技网球职业化发展道路等问题，选取两类对象，一类来自体育行政管理部门；另一类来自高等体育院校。这两类专家从不同侧面为本研究提供了智力支持。

（三）深度访谈法

本研究涉及有关竞技网球职业化发展及决策性问题，为使研究成果紧密结合我国网球改革实际，课题组同体育行政主管部门进行了多轮访谈。

（四）SWOT 分析法

采用 SWOT 分析法对中国特色竞技网球职业化发展模式的优势（strengths）、劣势（weaknesses）、机遇（opportunities）和挑战（threats）进行客观分析，为建立中国特色竞技网球职业化发展模式提供依据。

（五）案例分析法

着眼于我国竞技网球职业化发展实践，本研究以我国女子网球实现历史性突破为个案进行系统分析，同时选取我国网坛的“四朵金花”为调查对象，分析其成功的原因，为科学定位中国特色竞技网球发展模式奠定基础。

（六）逻辑分析法

运用归纳法总结我国竞技体育发展的特色基础理论、我国竞技网球职业化道路中存在的问题；运用比较法、演绎法总结国内外竞技网球职业化发展的差距及各自特色，并结合国情与项目发展实际开发中国特色竞技网球职业化发展模式理论体系。

第二章 核心概念的界定

一、网球职业化与发展模式

程晨对我国女子网球运动员职业化发展途径的研究，总结了网球职业化的概念：网球职业化是指将网球项目引入市场，并按照市场经济价值规律决定和调整其生存和发展，从事网球运动的人员把网球训练和竞赛作为一种获取生活资源的职业过程。

当前，人们对网球职业化的认识较为复杂，有学者通过了解体育职业化的含义进而对网球职业化进行了探索。网球职业化是指从事网球运动训练的人员（包括教练员、运动员和管理人员等）把网球运动训练和竞赛作为一种职业，使网球运动训练和竞赛活动向着市场商业化运作方向发展的一个过程。也有学者从系统观出发，将网球职业化看成是一个系统的工程，而这一工程包含职业化的网球俱乐部、职业化的网球运动员和职业赛事三方面。

基于我国女子网球运动员李娜等人的辉煌成就，许多人认为网球职业化就是“单飞”。所谓“单飞”是相对于举国体制而言的。国家体育总局网球运动管理中心实行的“单飞”就是让有实力的队员脱离举国体制，组建自己的团队，教练员自主、奖金自主、参赛自主，其收入大部分归自己的团队所有，只需将商业开发收益的12%和比赛奖金的8%上缴国家。可以在教练员选择、奖金支配、参赛等方面享受自由，是我国网球职业化改革的一种全新尝试。“单飞”是国际网坛通行的一种职业化模式。

二、竞技体育与职业体育

竞技体育是一种制度化、体系化的竞争性体育活动，具有正式的历史记载和传说，以打败竞争对手来获取有形或无形的价值利益为目标，在正式组织起来的体育群体的成员或代表之间进行，强调通过竞赛来显示体力和智力，在对参加者的职责和位置做出明确界定的正式规则所设立的限度之内进行。

“竞技体育”相对应的英文为“sport”，源于古拉丁语“deportare”。“sport”起初指“在户外根据体力而进行的充满欢乐的行动”，包括射击、钓鱼、狩猎等娱乐活动，后演变成具有竞技性质的游戏、娱乐和运动的总称，并随着英语的流行广泛传播到世界各地。

在我国，竞技体育较有代表性的概念如过家兴等在 1986 年提出的定义：“竞技体育是指在全面发展身体，最大限度地挖掘和发挥人（个体或群体）在体力、心理、智力等方面潜力的基础上，以攀登运动技术高峰和创造优异运动成绩为主要目的的一种运动活动过程。”

钟秉枢在《职业体育理论与实证》一书中提出，职业体育是指商业化、市场化了的体育活动，以竞技体育赛事的运作和推广为核心，通过赛事门票、广告、电视转播等方式在市场上吸引投资和获得商业收入。职业体育由专业体育管理人员进行管理和推广，由以体育赛事为职业的运动员参与。职业体育，也称理论与实证职业体育，亦称商业体育，是一种追求竞技比赛票房价值、以商业牟利为目的的竞技体育活动。职业体育与业余体育相对立，它曾经受到奥林匹克运动业余原则的排斥。在欧美国家，职业体育相当发达，在足球、橄榄球、网球、篮球、拳击、田径、赛马等项目上，均有职业体育俱乐部、职业球队或职业运动员。

三、中国特色竞技网球职业化发展模式

1949 年以来，竞技网球作为我国体育事业的一个分支，亦采取举国体制的发展模式。在社会主义市场经济条件下，竞技网球形成了以在奥运会等重大国际赛

事上取得优异成绩为目标，以政府为主导，以体育系统为主体，以整合、优化体育资源配置为手段，动员、组织社会力量广泛参与，在国家层面上形成目标一致、结构合理、管理有序、效率优先、利益兼顾的管理体制。国外的竞技网球所采取的职业化的发展模式，却立足于市场经济的背景，以市场化、社会化、商业化为基本原则，让运动员自负盈亏、自谋发展，运动员自由发展。这两种发展模式主要区别在于投入主体与受益主体的差异。

网球是职业化、商业化和个体化程度较高的运动项目，有其独特而成熟的赛制。在我国举国体制下，大部分运动员很少能参加网球高端职业赛事。运动员因参与机会较少，无法获得参加高水平比赛的资格，缺少与世界高水平运动员交流的机会，只能在低水平阶段徘徊，竞技水平停滞不前，从而陷入恶性循环的怪圈。因此，只有深刻认识与理解职业网球的本质与中国特色职业网球的含义，才能明确职业网球与举国体制网球的区别。

中国特色竞技网球职业化模式是介于举国体制和职业化之间的一种新型模式。传统的举国体制和职业化在投资主体、人才培养、赛事安排、收益分配和实现目标上有着本质的区别，而中国特色竞技网球职业化与二者相互借鉴，共同发展（表2－1）。

表2－1 举国体制、职业化和中国特色竞技网球职业化三者的区别与联系

体制	投资主体	人才培养	赛事安排	收益分配	实现目标
举国体制	国家	采取三级梯队培养方式	由国家项目主管中心负责安排赛事	国家统筹安排	在兼顾个人利益的前提下满足国家利益
职业化	家庭	自主训练，自己聘请教练员	自主组建竞赛团队、制订参赛计划	家庭自负盈亏	家庭及个人利益至上
	学校及俱乐部	学校及俱乐部自主选择培养	学校或俱乐部统一安排	运动员、学校或俱乐部分成	个人、学校或俱乐部利益至上

（续表）

体制	投资主体	人才培养	赛事安排	收益分配	实现目标
职业化	经纪公司	经纪公司投资组建训练管理团队	训练管理团队安排	经纪公司与运动员分成	个人与经纪公司利益至上
中国特色竞技网球职业化	前期由国家投资，后期实现职业化路线	前期在举国体制下培养，后期实现职业化训练	前期在举国体制下参加比赛，后期实现职业化参赛	前期由国家统一安排，后期由职业化的投资主体与运动员分成	在满足国家利益的前提下以个人利益为主

注：三级梯队即业余体校—省、直辖市、自治区专业队—国家队。

对比研究发现，中国特色竞技网球职业化模式是前期在举国体制下由国家负责运动员的投资、培养、竞赛等工作，后期这些工作则由职业化的投资主体负责，即在专业培养体制下的有限职业化。这种模式的根本就在于投资主体的转变，即由政府单一主体到政府与个人结合投资。在经济发达的欧美国家中，网球运动员的培养大多以个人家庭投入为起点；而在我国现有的国情下，几乎没有家庭可以负担起一个网球运动员从开始训练到成才的高昂费用。因此，由国家承担从运动员选材到训练再到比赛这一过程中的费用成了唯一切实可行的办法，且因为举国体制规模较大，成本相对较低，边际效益较高。举国体制虽然解决了运动员成才之前的资金投入问题，但是由于其自身的僵化性，对运动员的后期发展不利，所以到了成才期的运动员可以有选择性地走职业化道路，由职业化的投资主体负责训练、竞赛等工作，以提高竞技水平。中国特色竞技网球职业化发展模式要求兼顾个人利益与国家利益，是举国体制下的运动人才培养和优秀运动员参与职业赛事相结合的双轨形式。

从我国竞技网球职业发展的实质来看，其较好地体现了政府和其他主体的合作关系。网球职业化发展离不开政府的公共财政投资，政府投资为优秀后备人才提供了必要的成长条件，为其走向职业化奠定了必要基础。当部分运动员具备了冲击职业化赛事的潜质后，由国家培养转向职业公司接手，形成了一种典型的

“委托—代理关系”，这种关系的存在，凸显了国家在竞技网球培养中的作用，作为委托方的政府，依旧享有运动员项目收入分成的权益。这种权益实现的收益，不仅体现出对国家举国体制的褒扬，同时也体现在为其他后续运动员培养提供必要的资金扶持，具有双赢性。

综上所述，中国特色竞技网球职业化发展模式是在坚持国家基层投资的同时，以促进网球职业发展为目的，利用举国体制形成的既有优势，坚持与国际职业化接轨，建立网球职业化的运动员、教练员、科技人员培养体系，完善网球职业化市场运作和竞赛体系，促进网球运动的健康、持续、稳定发展的形式。

对网球职业化的这种认识，能较好地解决国家投资主体与后续投资主体的认识矛盾，也为合理划分投资主体的权益提供了基础。

第三章 国内外职业网球发展模式演变

第一节 国内职业网球发展模式演变

近年来，随着网球运动的蓬勃发展，越来越多的职业比赛如雨后春笋般涌现出来。目前在国际上受人瞩目的、影响力较大的国际赛事主要有四大满贯赛（澳大利亚网球公开赛、法国网球公开赛、温布尔顿网球公开赛以及美国网球公开赛），ATP1000 级别的大师赛，以及年终总决赛。我国的职业网球赛事经过近几年的发展，努力与国际接轨，也越来越具规模性及影响力。为更好地推动网球运动的发展，我国近年来一直在不断努力，承接各类国际赛事。职业网球赛事在我国的发展相对来说时间还非常短暂，只有短短的几十年历史，经验不足、竞技人才匮乏等因素也制约着我国职业网球的发展。我国职业网球赛事历经启蒙、探索、成熟三个阶段的发展，现已成为亚洲顶级职业网球赛事，并逐渐向世界顶级赛事发起挑战。本研究主要对我国职业网球赛事的发展历程进行研究，探索我国职业网球赛事发展的趋势并展望未来网球赛事的发展。

一、网球在我国的发展历史

1885年前后，网球运动传入我国，先是上海、广州等大城市的外国传教士和商人之间出现网球活动，后来一些教会学校也开展起这项运动。1898年，上海圣约翰书院举行了斯坦豪斯杯赛，这是我国网球史上最早的校内比赛。1906年，北京汇文学校、协和书院、清华学校，上海圣约翰大学、南洋公学、沪江大学，以及南京、广州、香港的一些学校开始举行校际网球赛，促进了网球运动在我国的传播。

在20世纪二三十年代，网球运动只在少数人中间流行。1924—1946年，我国虽6次派队参加戴维斯杯比赛，但多是在第一、二轮被淘汰，技术、战术水平较低。

1949年后，网球运动在起点低、基础差、交往少的情况下逐渐发展。1953年天津首次举办了包括网球在内的四项球类（篮球、排球、网球、羽毛球）运动会；1956年我国举办了全国网球锦标赛，后来定期举行了全国网球等级联赛，并实行升降级制度，还定期举办了全国网球单项比赛、全国硬地网球冠军赛、全国青少年网球比赛；近年来我国又举办了网球巡回赛。老年网球赛、高校网球赛、少年网球赛等竞赛对促进我国网球技术水平的提高起到了积极的推动作用。

20世纪80年代以来，我国网球运动水平提高幅度较快。1986年第10届汉城亚洲运动会网球比赛，我国李心意获女子单打冠军。1990年第11届北京亚洲运动会网球比赛，我国运动员获得3块金牌（男子团体冠军、潘兵获男子单打冠军、夏嘉平和孟强华获男子双打冠军）、3块银牌和1块铜牌。1991年联合会杯网球团体赛，我国女子队在58个参赛队中进入16强，李芳从国际网球排名第200位跃升到第155位；同年夏嘉平参加世界大学生运动会网球比赛获得男子单打冠军。这些成绩说明我国网球运动有了长足的进步，令人鼓舞。然而从世界角度看，我国网球水平存在的差距是相当大的，仅从国际网联世界排名看，1991年我国男子排名最前的是第300位，女子排名最前的是第155位。

1992年巴塞罗那第25届奥运会网球赛，我国有5名选手参赛。女单李芳、陈莉，女双李芳、唐敏，男双孟强华、夏嘉平，除女双进入第二轮外，其他均在第一轮被淘汰。在 1994 年年终国际网联世界排名中，我国李芳为第 66 位，潘兵为第 215 位，陈莉为第 233 位，唐敏为第 237 位，夏嘉平为第 313 位。2004 年，我国的双打选手李婷与搭档孙甜甜站在了迈阿密网球大师赛的女双半决赛赛场上，能够进入迈阿密女双 4 强，这对中国姑娘已经创造了我国网球史上新的纪录：她们在总奖金高达 650 万美元的 WTA 一级赛事的半决赛上留下了中国人的足迹。

2004 年雅典奥运会网球赛上，李婷、孙甜甜夺得女子双打冠军。

2006 年澳大利亚网球公开赛上，郑洁、晏紫夺得女子双打冠军。

2011 年法国网球公开赛以及 2014 年澳大利亚网球公开赛上，李娜均夺得了冠军，拿到 2 个大满贯赛冠军，世界排名最高达到第 2 位。

直到现在，张帅成绩不断提升，还有许多优秀女子网球运动员以及优秀男子网球运动员不断努力，我国竞技网球水平与日俱增。

二、我国职业网球赛事的发展历程

（一）初步启蒙时期（1993—2001 年）

谈及职业网球赛事在我国的发展历程，要从上海喜力网球公开赛谈起。1997 年，上海巴士集团收购 ATP 巡回赛上海站的举办权获得批准，并在 1998 年于上海举办第 1 届上海喜力网球公开赛。第 1 届上海喜力网球公开赛共有 32 位单打选手以及 16 对双打选手参加，奖金总额高达 34 万美元。获得冠军的选手最终获得 150 个 ATP 积分和 48 200 美元的奖金，而亚军则收获 108 个 ATP 积分和 28 400 美元的奖金。

1998 年 10 月 3 日，上海喜力网球公开赛正式在上海举行。32 位单打选手中不乏当时的世界高手，如张德培、伊万尼塞维奇等世界顶尖的网球运动员，不负众望的是 2 位选手在经过 1 周的角逐后，于 10 月 11 日的决赛中相遇，张德培凭借稳定的发挥战胜了素有“发球机器”之称的伊万尼塞维奇夺得最后的胜利；双打方面，1998 年双打世界排名前 16 的组合有 6 对来到了上海，头号种子选手为当时自 1992 年以来排名一直稳定在世界前 2 的双伍兄弟——伍德福德和他的兄弟伍德布里奇。

我国选手张宇和郑宇，凭借获得的外卡直接参加此次公开赛的单打正赛。同时，郑宇还和李思同样持外卡参加了男子双打比赛的角逐。

与此同时，高起点、国际化的赛事标准，使得引进海外高水平、专业化的赛事组织人才成为可能。例如，上海喜力网球公开赛邀请吕华勇先生（香港网球公开赛原赛事总监）为赛事总监等。专业赛事人才的加盟，使得本土网球赛事人才的进一步培训成为可能。此外，第 1 届上海喜力网球公开赛，在赛事赞助、电视转播、门票销售和纪念品推销方面都达到了当时国际网球赛事的水准，并获得国际网球组织颁发的“最佳组织奖”的荣誉。然而，梳理文献资料发现，当时由于网球运动在上海刚刚起步，民众普及程度尚未达到一定高度，1997 年的《上海市网球运动发展情况调研报告》统计显示：“上海市每周打 2 次网球的人口不到 2 万人，整个上海市网球场地不足 200 个。”这些数字直观地说明了网球运动在当时的上海还处于萌芽阶段，这对于第 1 届上海喜力网球公开赛出现门票销售收入几乎为零、赞助与转播无价值回报的黯然现状也就不足为奇了。

虽然 1998 年第 1 届上海喜力网球公开赛出现了亏损的局面，但对于上海网球运动在民众间的普及来说，其作用不容忽视，而且这种良性的、积极的效应一直延续到了后 2 届上海喜力网球公开赛。1999 年，赛事未出现亏损。2001 年，赛事上座率更是达到了 95%。

可以说，上海喜力网球公开赛的存在，对于上海乃至全国来说，其意义已不再是单纯的赛事本身的技术较量所散发出的愉悦精神和视觉体验，而是迈向更为深层的民众参与度。上海喜力网球公开赛并非开创了历史，却在一定程度上为我国网球运动的推广和普及，以及体育产业的发展和进步起到了推动作用，并为网球大师杯赛的成功扎根我国奠定了坚实的基础。

上海喜力网球公开赛的举办，从一个侧面说明了上海网球运动新阶段的到来，也使得网球这项优雅且具绅士风度的运动逐渐走进了上海人民的生活。在上海市政府、相关单位及上海巴士集团的共同精心培育下，上海喜力网球公开赛得到了 ATP 组织的认可和赞许。

上海喜力网球公开赛是我国承办的较为成功的 ATP 巡回赛，并且在第 1 届就获得了“最佳组织奖”殊荣。除 2002 年由于上海举办网球大师杯赛暂停 1 届外，上海喜力网球公开赛总共成功举办了 6 届。

上海喜力网球公开赛可以说是我国职业网球赛事发展中的里程碑，它开启了我国网球赛事迅速发展的新篇章。

（二）逐步探索阶段（2002—2008 年）

从初步启蒙阶段过渡到逐步探索阶段，最为重要的标志性事件，无疑是上海在 2002 年成功申办了当时的网球大师杯赛。

网球大师杯赛诞生于 1999 年 12 月 9 日，这一天，四大满贯赛委员会、ITF 和 ATP 共同宣布 ATP 年终总决赛和男子大满贯杯赛将不再继续，取而代之的是一项新的赛事——由 3 个组织共同拥有的男子职业网球巡回赛的年终总决赛——网球大师杯赛。新的网球大师杯赛意味着网球界各方之间有了新的合作关系，一个拥有决定权的网球大师杯赛管理实体也宣告成立。网球大师杯赛会集了世界排名前 8 的网坛顶尖好手，争夺高达 445 万美元的总奖金及男子职业网坛年终第 1 位的至高殊荣，为全世界的网球观众带来史上最强的视觉震撼。作为男子职业网球巡回赛的总决赛，网球大师杯赛是网坛最高级别的赛事。从每年的 1 月 1 日起，男子职业选手从四大满贯赛、九大大师系列赛和个人成绩最好的 5 站 ATP 巡回赛上获取积分，到每年最后一场 ATP 巡回赛结束后的周一为止，在“ATP 排名”中位列前 7 的选手有资格进入网球大师杯赛，第 8 个名额则留给排名前 20 并且是当年的四大满贯赛冠军之一的选手，或者排名第 8 位的选手。因此，网球大师杯赛是真正的风云际会，高手争雄，代表了当今网坛最高水准的较量。网球大师杯总决赛在世界各大城市轮流举行，上海有幸承办了 2002 年大师杯，使之成为史上最成功的赛事之一，得到了 ATP 及参赛球员的一致好评，也在上海掀起了一阵网球热潮。回首 2002 年上海大师杯，当年网坛“八大天王”聚首上海滩，为我国观众奉献了一场惊心动魄的争夺战：雷顿·休伊特、安德烈·阿加西、马拉特·萨芬、胡安·卡洛斯·费雷罗、卡洛斯·莫亚、罗杰·费德勒、阿尔伯特·科斯塔、大卫·纳尔班迪安。激烈角逐后，最终“澳洲野兔”休伊特成功卫冕。2005 年，时隔 3 年，大师杯重回上海。2009 年 11 月 20 日，纳尔班迪安与费德勒上演了一场惊心动魄的冠军争夺之战，观众看得荡气回肠，最终，纳尔班迪安上演惊天大逆转，战胜费德勒夺得冠军。2006 年 3 月，ATP 与上海市体育局将大师杯续签至 2008 年。于是，接下来的 3 年，大师杯都落户于上海旗忠网球中心。上海旗忠网球中心位于上海市西南部的闵行区马桥镇，距上海市中心约27千米。比赛区内，设主赛场1座、室外网球场18片（其中10片为设有看台的比赛用场地，另外8片为练习场地）。其屋顶为钢结构，可开启，开启方式仿佛上海市市花白玉兰的开花过程，为世界首创。2009年11月12日—19日，网球大师杯赛继续书写辉煌，无论是参赛球员阵容还是赛事组织，都达到了巅峰，为球迷带来一场场震撼的观赛体验。在上海成功举办了多届的网球大师杯赛最终于2008年移师欧洲，并更名为ATP1000年终总决赛。

与此同时，每年1届的中国网球公开赛也在2004年成功创办，中国网球公开赛同时拥有ATP、WTA和ITF三大国际网球赛事的举办权，是我国唯一以国家命名的网球赛事。中国网球公开赛是一项在我国北京举行的职业网球锦标赛。该项赛事在1993年首次举行，1998年被撤销，后于2004年恢复；2005年起被列入ATP和WTA的二级巡回赛，2008年的赛事总奖金为108.5万美元。2009年，中国网球公开赛奖金全面升级，ATP奖金总数升至200万美元，女子方面升级为WTA皇冠明珠赛，成为仅次于四大满贯赛的高级别赛事，影响力也随之进一步扩大。

在2002—2008年这一逐步探索的新阶段，随着网球运动在全球的迅速发展，我国职业网球赛事也逐步发展起来，并取得了不错的成绩。

在赛事运作方面，上海大师杯和中国网球公开赛在政府主导、商场参与、企业支持的三元发展模式下，通过相互协调与配合，从市场推广、电视转播、赛事赞助等环节汲取国外职业赛事的先进经验，并制定适宜标准，取得了我国职业网球赛事历史上少有的辉煌成绩。然而，在这些辉煌成绩的背后，由于赛事申办费用较高和我国体育产业市场发展相对滞后等原因，这些赛事基本上处于无盈利状态，赞助企业的经济在此窘境下显得更加疲软。当然这也是新兴赛事必经的过程，举办这些职业网球赛事，在初级阶段其目的不在于营利而意在推广网球运动，培育网球市场。如果说无盈利是此时期我国职业网球赛事发展的瓶颈问题，那么2005年上海大师杯，ATP排名前8的选手，有5名因伤缺阵的尴尬局面则是网球大师杯赛发展的另一瓶颈问题。由此表明，我国职业网球赛事还未形成相对稳固的局面，赛事尚处于摸索阶段。

（三）快速发展阶段（2009 年至今）

上海无疑是我国职业网球赛事发展极为重要的一座城市，上海于 2007 年正式获得 2009 年 ATP1000 赛事的举办权，也就是 ATP1000 系列大师赛，该赛事由国家体育总局、上海市政府主办，久事公司承办。2009 年 10 月，第 1 届上海 ATP1000 大师赛在上海旗忠网球中心举办。ATP1000 系列赛事全球共 9 站，分别为蒙特利尔网球大师赛、蒙特卡洛网球大师赛、辛辛那提网球大师赛、罗马网球大师赛、印第安维尔斯网球大师赛、迈阿密网球大师赛、巴黎网球大师赛、马德里网球大师赛和上海网球大师赛。上海网球大师赛作为后起之秀，于 2009 年、2010 年、2011 年连续获得“年度最佳 ATP1000 大师赛”的荣誉，赢得了各方面良好的口碑。2012 年上海劳力士大师赛（Shanghai Rolex Masters）赛期为 9 天，总奖金为 868. 75 万美元，纳达尔、德约科维奇、费德勒、穆雷等世界排名前 20 的选手全部亮相上海，门票销售收入也创下了历史之最。此外，企业赞助方面依然由劳力士冠名，并设有钻石赞助商、白金赞助商等席位。可以说，2012 年上海劳力士大师赛是历届赛事中最好的一届。作为我国级别最高的职业网球赛事，上海 ATP1000 大师赛连续举办至今，一直保持着高水平的组织管理以及赛事营销能力，这足以证明我国已经有能力且完全能够举办国际性高级别的网球赛事，也标志着我国职业网球赛事发展的逐渐成熟。

与此同时，中国网球公开赛在 2004 年创办伊始到 2012 年，经过 8 年的运作，已经逐渐发展成为亚洲顶级、设施最全、覆盖人群最广且最具商业价值的网球赛事。在赛事组织方面，中网女子赛事为 WTA 皇冠明珠赛，全球仅 4 站；男子赛事为 ATP500 赛事，全球 11 站；青少年赛事为 ITF 二级巡回赛。2012 年，中网赛事总奖金高达 703. 305 万美元，其中 WTA 奖金为 482. 805 万美元，ATP 奖金为 220. 5 万美元。可以说，这些职业网球赛事在我国举办，不仅扩大了网球在我国的影响力，使我国网球运动的发展水平得到了提高，实现了我国球员技战术方面的突破与发展，也激发了群众参与网球运动的热情，促进了网球运动在群众间的推广和普及，极大地丰富了群众体育的健身内容；同时，在社会发展环境方面也提高了城市资源配置能力，推动了区域旅游产业和体育产业的发展及异域文化的传播与交流，引起了社会的普遍关注。

三、政府主导的举国体制发展模式

在我国竞技网球发展的起步阶段及相当长的一段时间之内，我国网球事业的发展完全由政府进行主导，因此其发展模式表现为计划性的单一管理网球发展模式。在该模式下，我国网球事业的发展更多地基于体育荣誉的考虑，即通过举国体制，争取网球运动发挥最好成绩。举国体制是指国家集中有限的人力、财力、物力，最大限度地调动各方面的积极性，有效配置全国的竞技体育资源。举国体制是一个内涵较为丰富的概念，包括许多领域，并不局限于竞技体育方面，也非我国特有，在世界上许多国家的一些重要工作、重要工程中都可以看到这样一种行之有效、效率极高的体制。在这种模式下我国竞技网球的发展主要依靠以业余体校、体育运动学校、优秀运动队为基础的三级训练结构，最后通过国家集训的制度实现竞技网球的发展。这种管理模式虽然使我国竞技网球在短时间内取得长足进步，不过我们也应该看到举国体制存在一些弊端，如缺乏灵活性，培养模式、训练模式僵化；各个地方网球队往往会因为私利和一些短期目标而做出急功近利的短视行为；同时举国体制的训练模式往往忽视了运动员个性化发展、缺乏人性化管理等。举国体制的网球发展模式有自己的价值取向。置身此制度环境下，网球运动员会逐渐丧失网球运动所带来的乐趣，对网球运动的热情和激情都会消退。另一方面，由于国家是网球基础设施的投资主体，相应的体育资源并没有实现其利用效用的最大化，缺乏经济性，在许多地方出现了设施先进的网球场馆长期闲置的现象。值得注意的是，网球运动员的选拔和培养是一项高投入、高风险同时也是高产出的项目。从职业网球运动员培养过程来看，在基础阶段和准备阶段，学习、训练、比赛都需要大量的资金投入，1 名运动员在国内每年要花费 50 万～60 万元人民币，而在国外或好一些的网球学校，每年大约要花费 200 万元人民币。如此高的花费谁投资？这是问题的关键。如有人投资了，但选材不好，将来出不了人才，那么几十万元就打水漂了，这是风险所在。但一旦培养成功，女子世界排名进入前 100，男子进入前 150 左右，运动员就能自己养活自己，并略有盈余；如能进入前 50，其产出不亚于一位大公司的总经理；如进入前 10，那产出就更可观了。但是，在举国体制的格局下，由于负责选苗和培养的网球教练员不是权责明细的利益主体，因此在选拔优秀网球运动员的过程中，实行的是一种缺乏制度刚性的“软约束”，教练员作为国家或者地方体育主管部门的代理人，存在着一定的经济学意义上的“委托—代理风险”，培养网球运动员所花费的成本不用教练员自行承担，而网球运动员成功的收益，基层教练员几乎没有资格参与分享。因此在各个地方选拔优秀网球运动员的过程中，教练员可能出于自身的短期利益考虑而带有主观意向去选择性地选拔运动员，而非完全意义上的择优录取。从一些极其优秀的网球运动员因为缺乏足够的财力支持而无法继续训练的案例中我们可以看出其中的端倪。与此同时，举国体制的模式缺乏与一般网球运动爱好者沟通交流的平台，使得普通的网球运动爱好者根本没有参与进来，从而有违全民健身的目标。因此，传统的举国体制的网球发展模式，虽然可以很好地实现网球运动发展竞技荣誉的目标，但由于办事机构效率低下，网球事业发展过程汇总的行政信息受阻与失真等因素，存在巨大的经济浪费；而且由于自上而下的计划指令式的组织形式往往忽略了网球参与群众自身的喜好等，造成群众参与的积极性不高，网球运动无法得以推广。

四、半职业化发展模式

随着市场经济的发展，我国网球事业也开始不断尝试产业化，并且在各个体育项目里走得最远。网球的市场化运作破除了举国体制下一切行政指令调控、利益分配不能充分体现网球工作的劳动价值因而挫伤了网球工作者的劳动积极性的困境。在市场的运作下，网球运动员和教练员的劳动价值通过市场以价格的形式得以体现。例如，李娜、郑洁等优秀运动员从训练到比赛以及自我包装和推销上都同世界顶级运动员一样实现了市场化。在这样的一个过程中，我国的网球事业发展进入了一个新的时期。球员从被动变为主动，实现了“要我练什么”到“我要练什么”的转变，根据自身的技战术特点实现了差异化地进行强目的性的训练，训练质量和效果也大幅度提升。我国网球在雅典奥运会上取得的优异成绩大大促进了我国网球事业的发展。我国的网球职业化进程主要分为两个阶段。

（一）改革初试阶段

2001 年，为全面贯彻落实《中共中央、国务院关于进一步加强和改进新时期体育工作的意见》和国家体育总局《2001—2010 年奥运争光计划纲要》，依据国家体育总局《2008 年奥运争光行动计划》，我国制定了《网球项目 2008 年奥运争光行动计划实施方案》，明确提出了实施“以女子为重点，女子双打为突破口”的指导思想。我国网球运动采取了“请进来，走出去”的培养方式，逐步增加了我国教练员、运动员出国学习、训练和比赛的机会，提高了人们对网球运动职业化、国际化和个体化的认识。在这一阶段，改革开放的不断深入以及市场经济体制的逐步确立，为网球运动的发展提供了良好的外部条件。我国网球运动通过“请进来，走出去”的方式开始探索网球运动项目的规律，在运动员选拔、训练、参赛等方面都加深了对职业网球的认识。

（二）改革实践探索阶段

我国网球在雅典奥运会上取得的优异成绩大大促进了我国网球事业的发展。2005 年，我国网球确立了“强化能力领先，以双打带动单打，以单打促进双打，做强单打，做优双打”的指导思想，以为国争光为最终目标，将职业网球作为手段，继续探索职业网球发展模式。这一阶段我国网球继续探索网球运动的本质，在人才培养、训练、竞赛、管理、保障等方面进行了一系列的改革，继续深入研究职业网球的训练模式、参赛管理等，在制度层面上对运动员、教练员的奖金分配、市场化开发比例等管理政策进行了适当调整。但是，改革的过程也是矛盾与冲突不断显现的过程。

2009 年伊始，为适应网球运动发展的需要，使网球运动员的培养模式更加符合职业网球的特点，中国网球协会实施了新的政策，在运动员管理、选拔、保障、投入、分配机制上都进行了创新，在高水平运动员的管理方面允许高水平运动员自主训练、自主参赛。北京奥运会后，在中国网球协会的推动下，我国网球运动的职业化改革进入了崭新的阶段。高水平运动员开始采取“单飞”模式，后备人才在训练、人才选拔方面朝着更加符合职业化特点的方向转变，赛事奖金和商业收益最大限度地向运动员一方倾斜。政策调整最大限度地调动了不同投入主体以及运动员的积极性，使我国后备力量更具多元化，并在一定程度上协调了国家与集体、国家与个人之间的利益关系。这一阶段的职业化改革以制度调整为切入点，允许运动员、俱乐部、省、直辖市、自治区在不影响国家比赛的前提下，按照职业化的要求展开训练、参加比赛以及进行商业开发运作，改革继续按照放权让利的思路演进，利益和权利被下放到省、直辖市、自治区或者主体投入方。

这一阶段主要存在的问题有以下几个方面。

1. 对职业化网球的制胜规律把握不足

在现阶段的研究中，关于网球制胜规律的研究很少。从世界网球发展趋势来看，网球的制胜规律应该是：以速度为核心，角度、深度及旋转是关键，以减少非受迫性失误为保障。在竞技网球训练过程中，我国教练员对职业化网球制胜规律把握不足，在指导运动员的训练过程中没能抓住关键，或者只是片面地理解了这一制胜规律，造成训练的盲目性，进而影响运动员成绩的提高。对这一制胜规律的认识直接影响到我国竞技网球今后的发展趋势，要发展我国职业网球就必须对职业化网球的制胜规律进行正确的认识。

2. 缺乏职业化教练员团队

职业化教练员团队对人才素质的要求要远高于专业化，要求参与者不但具有高水平的岗位执教能力和敬业精神，还需要有不断学习和提高自我的意识。职业化教练员团队是技术教练员、体能教练员、科研教练员、翻译、后勤保障等一系列个体的有机结合体，并且这一结合应该是各领域的高素质人才的强强联合。职业化教练员团队内部各部门是长期合作、彼此之间可以更好地配合，进而发挥出高于简单组合水平的。然而我国大部分教练员团队都是临时性组合的，团队成员之间不能很好地配合，即使请来高水平外教也是短期（几周时间）临时聘请，不能进行连续性的高水平训练。我国的教练员团队也有职业化教练员团队的形式，但是在人员配备上不足（团队成员个人水平不高）。由于我国教练员水平有待提高，即使教练员团队成员之间有了长期的合作，也不能成为更加职业化的教练员团队，所以更重要的是提高我国教练员的业务水平。

3. 后备力量依然严重不足

我国网球自2004年雅典奥运会李婷、孙甜甜获得双打冠军后，女子职业网球运动员取得了一系列优异成绩。郑洁、晏紫获得了2次大满贯女子双打冠军。彭帅也获得2次大满贯双打冠军，一次进入大满贯女子单打4强。而李娜获得了2次大满贯女子单打冠军，且最高世界单打排名进入前10。但是自进入21世纪以来，我国男子职业网球运动员一直萎靡不前，在国际职业网球赛场上也难以取得优异成绩，甚至没有参赛资格。

4. 缺乏多元化市场投入

市场开发的成功与否，从根本上决定了我国竞技网球运动在体育市场上的竞争力是否强大。随着生活水平的提高，广大群众对体育文化娱乐也有了更高的要求，尤其是网球这种昔日的贵族运动，越来越受到广大体育爱好者的青睐。尽管我国网球运动市场潜力巨大、前景广阔，但现状却不容乐观：国内大部分网球赛事，观众席上除了教练员、队员及有关人士外，真正意义上的观众寥寥无几，广告自然也少得可怜。没有观众，说明没有群众基础；没有广告，就没有丰裕的资金。忽略了球迷们的生命力和潜在市场消费力，试问这样的网球运动生命力如何持久、强大，网球事业又怎能蓬勃发展？

五、职业化的发展模式

（一）我国职业化的竞技体育管理现状分析

我国职业化的竞技体育管理包含以下主要职能。

（1）全面负责本项目业务工作管理；研究制定本项目发展规划、方针、政策及全年工作计划。

（2）宣传、推广、普及网球运动；选拔、培养优秀人才，攀登世界网球运动技术高峰。

（3）负责各类竞赛工作的组织管理。

（4）对运动员、教练员、裁判员进行注册管理、业务培训、等级普及和资格审查的实施。

（5）选拔组建国家网球队及后备人才梯队，并负责管理。

（6）管理和实施本项目国际交往、联络工作。

（7）管理与指导、监督注册运动员和注册网球俱乐部工作。

（8）管理和组织本项目各个领域的科学技术研究、攻关和科研服务及成果推广等工作。

（9）研究和监制与本项目有关的器材和设备。

（10）管理与实施本项目的经营开发，培育和开拓市场，筹集和建立本项目发展基金。

首先，政府型的管理体制依然占主体地位。在我国，政府采用主导的方式实施管理，一方面快速提高了我国的竞技体育水平，另一方面却限制了社会参与体育的积极性，而且政府易陷入大量的事务性工作，削弱宏观管理职能。其次，体育的职业化、实体化发展程度较低。由于我们实行市场经济的时间还较短，对职业体育发展的规律及基本要素的理解认识还不深，所以，迄今为止我国体育的职业化、实体化发展水平还较低，尚处于初级发展阶段，我国整个网球市场化发展处于较低的运行水平。我国竞技网球职业化管理机构见图3－1。

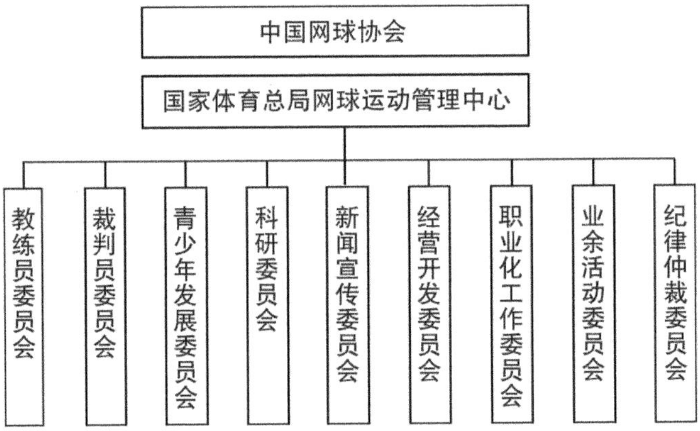

图3－1　我国竞技网球职业化管理机构

（二）我国竞技网球职业化的人才培养现状分析

我国的体育体制仍然是一种由政府包办的体育机制，竞技体育也不例外。虽然我国竞技体育体制随着经济体制的转换而在不断地改革，正在逐渐适应市场经济体制，但是现阶段，竞技体育正处于改革时期。我国长期以来竞技体育后备人才的培养主要采用以体校为基础的三级训练网，这种三级训练网是一种“金字塔”式的人才培养模式。它的最低层次是普通业余体校、体育传统学校等业余训练；中间层次是重点业余体校、体育中专、专项业余体校和竞技体校训练；最高层次是省、直辖市、自治区专业队和国家队训练。在计划经济时代，这种模式过分依赖国家投资，而国家采用行政手段、方法从宏观到微观的各个层次实行全面管理，全面负责制定总体发展规划以及运动员的选择、培养等。另外，我国的三级体制中，高级教练员一般在国家队，各省、直辖市、自治区队，然而各体校大部分为初级教练员，这部分教练员普遍存在着文化水平低、视野不宽、业务不精的现象。特别是在市场大潮的冲击下，其敬业精神、奉献精神不够，训练方法、手段陈旧，对新技术、新打法的学习研究不够。我国竞技网球后备人才都是从低到高逐级输送的，而优秀运动员的选拔依赖于这些初级教练员，怎样选拔出有潜力的后备人才，只能凭借这些教练员的经验，其中不乏有潜力的运动员丧失或夭折。

（三）我国职业化的教练员队伍现状分析

教练员和运动员是运动训练系统中的主体和核心，运动员竞技水平的高低主要取决于教练员的执教情况。大多数基层教练员是运动员退役后经简单进修后工作的，没有进行严格系统的专业理论学习。在选材的过程中，多数教练员是按队员的成绩和自己的经验进行选材的，而没有进行科学选材。在训练体育后备人才方面，多数教练员的训练手段也只是运用自身经验来指导队员的，训练无科学和创新之处。在科技日益发展的今天，教练员如果没有较高的文化水平、勇于创新的精神以及解决实际问题的能力，就不可能成功。教练员与运动员不同，运动员文化水平不高，影响的只是其个人的发展，而在目前教练员竞争机制没有完全建立、没有走向市场的情况下，教练员的工作岗位具有相对稳定性，如果教练员能力不够，影响的将是几代运动员。世界网球联合会有关人士指出，制约我国网球发展的主要原因是教练员水平不高。现在有一些省、直辖市、自治区对男子网球的投入很大，却遭遇教练员短缺的壁垒，导致投入和产出不成正比。

（四）我国职业化的网球市场运作现状分析

随着经济社会的发展和人民生活水平的提高，近几年我国竞技网球在国际赛事上取得了辉煌的成绩，网球运动迅速普及，网球市场潜力巨大。网球市场是指从事网球经营、管理、服务以及网球相关物质生产的经济群体和经济活动的总和。目前，在我国，网球市场主要包括网球运动训练培训市场、网球赛事市场、网球场馆经营市场、网球器材装备市场、网球运动咨询服务市场等。但我国网球市场还存在一些问题。

首先，基础薄弱，我国现有的管理体制不太适应网球市场的快速发展。我国现有的网球运动管理体制侧重于奥运争光和全民健身，其有限的人力、物力、财力主要集中于奥运争光和全民健身方面，对于发展网球产业，无论是在机构设置、政策制定方面，还是在人员配置、工作重点等方面，都难以促进网球市场的快速发展。

其次，网球人口数量少，我国虽然有 13 亿庞大的人口，但爱好网球运动的同中，口比例却非常小。据统计，2010 年，我国网球人口近 300 万，其中真正的专业队员也就 600 多名，12 岁以下的少儿网球人口不足 7 000，网球消费总额约为 120 亿元，而极盛时期的美国则有 4 000 万人参加网球运动，这说明我国的网球运动仍然是少数人的运动，还没有真正普及开来。而且我国网球运动整体水平不高，没有形成对网球产业发展的整体带动作用，加上人均消费水平不高，决定了我国网球产业的总体规模还不大。目前，我国网球管理部门对网球产业的发展重视不够，缺乏发展网球产业的整体规划和政策措施。同时，网球场馆数量有限也限制了网球市场的发展。由于经济水平的制约，网球运动在我国普及程度还不高，发展网球产业的基础条件还比较薄弱。据调查，2010 年，我国拥有各类网球场馆近 15 000个，大部分分布在城市的学校、单位、企业、居民区等。

（五）我国职业化的网球竞赛现状分析

目前，我国的网球比赛逐渐增多，这有利于球员的培养，符合网球运动技术水平提高的要求。但这些赛事中成规模的比赛均由国外组织主办、我国承办，我国只负责赛事的次要工作，出钱、出人、出力。我国对大型网球赛事的主要流程工作尚不熟悉。另外我国除几个职业化运动员外，其余运动员根本没有机会与世界高水平运动员交流、切磋。中国网球公开赛等赛事升级使更多的我国网球运动员有机会持外卡参加这些顶级赛事，但由于我国选手世界排名低，不能参加更高水平的网球赛事，不能与更高水平的职业球员进行交流。我国通过举办这些顶级赛事，能够学习和借鉴国外成熟的赛事运作方式，提高举办国际赛事的水平和能力，可以更好地促进我国竞技网球职业化发展进程，同时也能使我国裁判员、技术人员等方面的人才与国际接轨。网球赛事的升级吸引了更多的高水平球员参赛，进而扩大了职业网球在我国的影响力和知名度，让更多的家庭认识到它的魅力所在，从而缔造了一大批潜在的网球运动群体。通过举办世界级高水平的比赛，可使我国网球文化氛围越来越浓，这对竞技网球的职业化发展非常有利。我国竞技网球的职业化发展要充分利用这一发展平台，与国际职业网球接轨。

（六）我国职业化的运动员现状分析

改革开放以来，我国竞技网球运动取得了较快的发展：李婷、孙甜甜 2004 年雅典奥运会夺冠；郑洁、晏紫 2006 年澳网夺冠；李娜是 2011 年法网单打冠军……我国竞技网球运动取得了突破性的成绩。但总体上我国网球竞技水平却非常落后，只有李娜等少数职业运动员的成绩突出，后继高水平人才存在断层现象。一旦她们退役，新一茬的运动员无论在技战术水平方面还是身体素质等方面，都与她们有相当大的差距。后备力量严重缺乏是摆在我国网球发展面前的一道难题，如果不能得到及时解决，我国网球面临的不仅仅是成绩的滑坡，更将是我国网球的命脉被殃及。以女子青少年网球优秀后备人才的区域分布情况为例，相关统计数据见表 3－1。

表3-1 2009年我国女子青少年网球优秀后备人才的区域分布统计表

省、直辖市	运动员人数	省、直辖市	运动员人数	省、直辖市	运动员人数
广东	38	天津	24	湖南	17
浙江	35	河南	22	四川	17
河北	30	湖北	21	安徽	15
北京	29	江西	19	上海	15
江苏	27	辽宁	18	山东	13

通过收集国家体育总局网球运动管理中心的官方资料和走访调查赛区，对我国女子网球优秀后备人才的区域分布情况做相关统计得知，天津、江苏、广东、河南、北京5省、直辖市的女子运动员在全国青少年排名赛上进入前8的运动员人次较多；其中天津、江苏、广东、河南、北京5省、直辖市在女子网球后备人才储备数量上又占有较大比例，说明这5省、直辖市后备人才培养成功率最高。因此，可以证实天津、江苏、广东、河南、北京5省、直辖市为我国女子网球后备人才培养的优良地区。我国经济发展的不均衡性，造成竞技体育后备人才无序竞争的现象比较严重。我国东部沿海地区经济相对发达，经济实力雄厚，吸引体育人才的政策也比较灵活，所以可以直接或间接获得相对优秀的人才。但是无序竞争的大量存在对我国竞技体育后备人才的培养造成了一定的影响。竞技体育后备人才的无序流动也在一定程度上了打破了人才培养的连续性，造成了后备人才的流失，对我国竞技体育的可持续发展产生了消极的负面影响。

从总体上看，我国竞技体育后备人才的总体输送率不高，因此，竞技体育后备人才严重不足。长期以来，我国竞技体育后备人才与发达国家相比，在数量上存在着很大差距，这与我国“人口大国”称号是不相匹配的，更在一定程度上凸显了我国竞技体育后备人才的不足，直接导致了一线运动员数量的减少。虽然国家经过长期的指导和努力，后备人才短缺状况有所改善，但没能从根本上解决后备人才匮乏的问题，后备人才绝对数量仍然偏少。

第二节 国外职业网球发展模式演变

一、英国职业网球发展模式

（一）英国贵族网球俱乐部（20 世纪初期）

网球运动诞生在英国，在这个阶级意识鲜明的国家，特别是在二战时期，网球作为一种贵族运动，是中上层阶级才有资格参与的运动。顶级的网球不仅仅限于良莠不齐的网球俱乐部，真正的贵族网球始终坚持着以高尚的精神不为利益而为快乐而战的职业品质。

网球俱乐部是当时最流行的网球活动场所，也是富人聚集、穷人却步的地方，且只有在顶级的网球俱乐部，才有机会接触网球界的权威。因此，职业网球选大多是政治家门第、贵族等上层阶级。他们从小受到家族和英国文化的影响，在俱乐部接受专业教练员训练，具有良好的文化素养和运动天赋，他们花大价钱在俱乐部进行训练，再经过英国草地网球协会（LTA）、全英俱乐部（AEC）的选拔和培养，由英国知名品牌赞助商赞助成为英国职业网球选手。

这是 20 世纪初期英国职业网球发展的主要模式——家庭培养、国家支持、名牌赞助。当然也有像弗雷德·佩里这样不被英国草地网球协会和全英俱乐部认可的选手，他家道中落，没有显赫的家族背景和资金支持，18 岁时从乒乓球跨行到网球，成为一边打工一边凭借实力跻身世界网坛的传奇。

（二）英国工人阶级网球（20 世纪后期）

随着网球俱乐部形式组织等关系的变迁，英国 20 世纪后期的网球俱乐部发展更为壮大和稳定，网球不再只是中上层阶级的消遣方式和事业，草根网球也逐渐得到了认可和普及。越来越多的公园网球协会和俱乐部在英国得到了认可，也有越来越多的工人阶级、大众和女士可以接触网球运动。

因此，草地网球协会下属网球俱乐部的球员不再是最优秀的球员，草地网球协会也不再是唯一可以举办巡回赛的组织。当时成绩最好的球员大多来自工人运动协会、公共公园网球和教堂网球，这些民间组织为英国职业网球的选材拓宽了渠道。草根网球发展到后期，这些网球俱乐部大多被注册编排进草地网球协会，且有资格向国家网球队输送选手参加国际比赛，同时还有充足的时间和自由参加当地和外地的比赛。

与此同时，英国的网球学校也从 20 世纪初期的不足百所，发展到后期将近 2 000 所，为英国网球运动的普及和职业网球的发展奠定了基础，也成了后期英国职业网球发展的主要途径之一。

（三）英国职业网球发展（20 世纪）

英国职业网球的发展呈鲜明的阶梯状，要想成为职业网球选手，就必须经过 3 个发展阶段。

1. 地方球员发展中心（LPDC）

LPDC 为 10 岁以下有抱负、有梦想的年轻球员定期提供高质量的训练和比赛，以便于发展当地本土球员，也为将来区域培训选拔球员做好铺垫。LPDC 将提供培训的一切费用，在认证的高水平教练员指导下培养健康全能型的网球选手。

2. 区域球员发展中心（RPDC）

RPDC 为 U14 国家年龄组计划和国家学院选择年龄在 14 岁的优秀青少年后备人才，为其提供高水平的技术训练和体能训练。

3. 国家学院

国家学院提供世界级、高强度、专业的全日制训练环境。国家学院为准备参与职业巡回赛的运动员提供包括教育、训练和比赛等综合项目服务，为他们将来的成功打下基础。国家学院培养出的球员，经过 LTA 通过固定申请流程进行筛选，将获得资金，以保障其高质量的培训。

（四）英国职业网球培训计划

在不同发展阶段，LTA 为不同选手配置了不同程度的训练计划，随着经济水平的提升，其训练层次分为 5 层。

1. 地方培训

地方培训每月为地方最好的运动员提供训练和比赛。培训由地方教练员和 LTA 区域团队管理，是地方球员升级进入区域训练的奠基石。

2. 区域培训

区域培训为该地区最佳球员提供定期培训和区域间比赛。培训不但聘请 LTA 区域团队高质量的教练员，同时由 LTA 国家年龄组队长监管负责。

3. U12 和 U14 LTA 国家年龄组计划

该计划为 10～14 岁的青少年选手提供高质量的日常训练和训练环境，使球员能够完善自己的比赛技能并进一步提高自身技术。国家年龄组计划为 U12 和 U14 的球员提供高强度的训练营、旅行、竞赛等综合素质训练，以帮助他们在 14 岁时能够准备充足地面对国家学院的甄选。

4. 14～21 岁 LTA 国家年龄组计划

球员在 14～21 岁时，国家学院和更广泛的中心网络资源会给球员提供完备的日常训练环境，使球员可以提升他们的竞技能力，发现自身存在的不足。在国家队教练员监督之下，国家为年龄组 14 岁以上的运动员提供更全面、更综合的发展方案，包括国家训练营、官方旅行和比赛等，帮助球员为 1～2 年内的专业奖学金申请方案进行铺垫。计划还为最有潜力的运动员提供额外的资助，其最终目的是为国家学院特招的球员提供充足的资金支持。

5. 精英支持计划

精英支持计划是为最高水准球员量身定制的，以支持他们能够在世界巡回赛中取得胜利。只有在 ATP 和 WTA 比赛中达到单打前 100 或双打前 32 的球员才能被授予“精英球员”的称号并享受精英项目支持。精英球员没有年龄限制，凡是计划之内的球员均可接受国家网球中心科学与医学支持，并享有大满贯赛服务待遇。

各个阶段职业网球的培训需要大量资金支持，球员自身的职业发展同样面临这一现实问题，因此英国职业网球培训为球员制订了奖学金计划（PSP）。这是一项为16岁以上球员制订的预定资金项目，使有天赋的球员能够受到世界级球员训练待遇，包括教练员、运动科学和专业运动医疗等。该项目的目的是让球员在5年之内能够接近世界排名前100的席位。

（五）英国职业网球发展模式

英国职业网球发展模式是国家年龄组计划和精英支持计划的有机结合，成为职业网球运动员的路径也只有国家队和职业赛两个相互依存的模式。殊途同归，这两种模式都致力于培养最有前途的球员，使其成为国家甚至国际各级别网球比赛的冠军。

职业网球运动员通常在国家队萌芽，这一模式覆盖了7～14岁年龄段青少年选手，在这一阶段，他们需要在特殊的训练环境中接受职业发展训练。这些青少年选手大多来自LPDC一级和RPDC一级的培训中心。在得到国家年龄组计划的支持后，这些中心对年龄在10～14岁的青少年实行按年龄划分的方案，分年龄进行训练，并使其准备参加选拔。

随着高频率、高强度训练和比赛的增加，被选定的球员通常在14岁开始进入职业赛培养阶段。英国五大学术学院是巡回赛阶段的第一步，其专门招收年龄在14～18岁的国家队选拔选手，并且该学院得到了国家14～21岁年龄组项目的支持。这一举措为向职业网球发展的选手提供了充足的奖学金计划，也是青少年网球选手从初级网球到职业网球的跳板。

英国职业网球发展模式的最后阶段是为那些在ATP或WTA中单打排名进入前100和双打排名进入前32的球员准备的。这些球员将有资格获得国家精英项目的支持。

球员可以通过本地球员发展中心和区域球员发展中心两种模式开始职业网球发展的道路，不论球员是否参与其他项目和计划，这都是进入职业网球发展的第一步，也是唯一途径。

每个地方和区域的球员发展中心和所有国家学院的球员都由LTA通过固定的

申请流程进行筛选，并将获得资金以保障其高质量的培训。该申请流程起始于2018年。

不同阶段职业网球发展模式的路径和训练环境见表3－2。

表3－2　不同阶段职业网球发展模式的路径和训练环境

年龄/岁	阶段	训练环境
7～10	国家队阶段	地方球员发展中心
10～14	国家队阶段	区域球员发展中心 城市训练 区域训练 国家年龄组计划（U12、U14）
>14	巡回赛阶段	国家学院（14～18岁） 国家年龄组计划（14～21岁） 奖学金计划（>16岁） 精英支持计划

二、美国职业网球发展模式

（一）美国校园网球（20世纪初期）

美国可以说是网球运动兴盛的福地，就连第二次世界大战都没能阻挡网球在美国的热浪。二战时美国已经将网球运动列入学校课程，如同其他运动项目一样，以学校为平台，对网球运动进行综合性的管理。除了网球技术的训练，美国同样重视学生的文化和个人修养，对于综合评定较低的学生，学校将会取消其参加校园联赛等比赛的资格。潘乔·冈萨雷斯就是一个很好的例子，年少时他曾因缺课、违规等行为多次被学校取消比赛资格，然而，这并没有影响他对网球的执着，也没能掩盖他在各种业余比赛中的光辉。

20 世纪初期的美国校园网球比较简单粗暴，主要由学校承担统一培养和向高级院校输送学员的工作，学员通过参加各种校际联赛、洲际联赛、全国比赛，并以这些国内比赛为跳板，不断磨砺自己的竞技能力，最后由业余转向职业，进入美国网球队，甚至参加国际比赛。

运动项目在美国并没有得到太多政府方面的物质和政策支持，许多民间的网球俱乐部自发地在美国城镇崛起，许多转入职业前的网球选手启蒙于网球俱乐部，随后得到高校奖学金进入职业网球生涯。

这是 20 世纪 20 年代初期美国主要的两种职业网球发展模式，不管是从学校启蒙，还是从俱乐部启蒙，运动员最终通过竞赛，成为顶级水平的球员，才能得到高校特别网球项目资金。这一时期，美国网球以学校为依托，进入职业网球阶段。

（二）美国多元化的职业网球（20 世纪中后期）

虽然学校能够给青少年提供一个良好的接触网球的途径，但是学校会受到太多社会因素的影响，如城市、国家、校区制度、学校管理者等，这些因素不论在哪方面都不利于网球运动与国家网球运动的相互发展。因此，这种单一的职业网球培养模式在包容、发展、多元化的美国很快变得不再单一。以尼克波利泰尼网球学院为首的全职制寄宿网球学院培养模式很快风靡美国，其独特的体能训练和心理调节，为许多比赛中的选手提供了技术和战略上的有力支撑，引起了国内外许多青少年乃至职业选手的瞩目。

除了网球学院，一种迅速在美国崛起的职业网球培养模式就是家庭培养模式。这种培养模式下的球员，其家庭比较富裕，有充足的资金和资源培养球员，大多数这种家庭的网球培养模式有着深远的家族色彩，如威廉姆斯姐妹，她们的父亲理查德·威廉姆斯就是她们的教练员。

随着美国经济飞速发展，包括网球运动在内的许多体育比赛都有了更浓郁的商业色彩，许多知名的经纪公司和企业争相赞助有职业潜力的网球选手，负担其高额的训练和比赛费用，形成了企业或经纪人培养模式，这种模式更适合美国这样经济基础雄厚、敢于承担风险的国家。

20 世纪后期，美国成了职业网球选手发展的熔炉，多样的职业培养模式、多元的资金支持、得天独厚的运动气候，使美国变成职业网球运动员培养的模板。

（三）美国职业网球发展核心——校园网球（21 世纪）

美国现代职业网球的主流发展模式是以地方学校为单位，分区域进行层层训练营培训及选拔，其格外注重球员在青少年时期的培养，以保证球员选材的质量和未来的职业发展。这种培训模式按球员年龄和水平分为 3 个组别，分别是青少年初级训练营、高校网球和职业训练。

1. 青少年初级训练营（7 ~ 16 岁）

7 ~ 10 岁：该年龄段是青少年发展网球爱好的早期阶段。美国网球协会以训练营的形式，在各地区进行为期 1 天的网球启蒙训练，称为橙色/绿色网球训练营。

橙色网球训练营是通向美国网球队的第一步，它为 10 岁以下的青少年提供兴趣爱好培养与专业网球训练，其主要目的在于增强运动员基础身体素质及关注运动员长期发展。橙色网球训练营被列入青少年发展项目，受邀的青少年运动员能够参加该项目包含的各种比赛，在学习网球技能的同时获得快乐和知识。绿色网球训练营是橙色网球训练营的进阶，在这一阶段，通过球质的转换和球场的扩大，使青少年运动员完成从迷你网球场到正规成人网球场的过渡。

10 ~ 14 岁：该年龄段的青少年会被挑选出来组成 NJTL 杰出团队，即国家青少年网球及学业（national junior tennis and learning）发展队。该项目所涵盖的球员会接受专业教练员的技术指导以及所需的文化课程教育，为将来适应比赛打下基础，这也是球员进入美国网球队的前提。事实上，球员与美国网球协会（USTA）有着融洽的合作关系，球员能够通过 USTA 在官网上提供的各种发展项目、教练员等训练资源（甚至包括能够为国家巡回赛提供外卡的季后赛训练营和华盛顿团体赛等重要赛事）得到发展。

10 ~ 13 岁：该年龄段的优秀球员可以进入为期 2 天的美国网球队选拔训练营。该训练营涉及 12 名女子和 12 名男子青少年优秀网球选手，其训练目标和宗旨与上述提到的其他地方训练营相同。在这一阶段，球员的发展与运营管理部门和教练员委员会有着密切的关系，他们会对每位参训的球员进行综合全面的评估，以帮助球员将来更全方面地发展。

11 ~ 13 岁：由选拔训练营挑选出的选手，有资格进入为期 3 天的美国网球队区域训练营，并受到更专业和严格的培训筛选，该训练营一般在美国网球协会东区或者西区的网球训练中心进行。为期3天的训练营涉及6~8名球员，该阶段的训练主要包含心理训练、品质训练、合作训练等综合培养训练在内的复合训练。最终训练营根据选手的综合表现进行评估。

12~14岁：由各个地区从区域训练营选拔出的青少年网球选手获得参加3~4天美国国家网球队训练的机会。区域训练营会集全国各地20~24名选手，给他们提供与前职业网球运动员和顶级教练员接触学习的机会。

11~14岁：经过层层筛选的球员有资格代表美国网球队参加一系列季后赛，以国际团体赛为主，如勒布朗杯（Le Blanc Cup）、青少年网球巡回赛/圣马可巡回赛（Teen Tennis/Les Petits tournaments）以及世界青少年网球锦标赛等。

15~16岁：该年龄段顶级的青少年球员能够进入美国网球队暑期训练营，也就是国家青少年网球队，训练营为球员提供与世界各地顶级球员共同旅行和训练的契机。

2. 高校网球

美国网球协会高校国家网球队提供杰出的美国高校教练员团队以及优越的训练和比赛环境，以职业巡回赛为目标，帮助球员完成向职业球员的蜕变。为了挑选出最有潜力的球员，国家网球队需要球员达到以下标准。

——ATP排名前600/WTA排名前400。

——校际网球协会（ITA）全美冠军。

——校际网球协会秋季锦标赛冠军。

——全国大学生体育协会（NCAA）单打冠军。

——校际网球协会年度新人奖。

美国网球协会职业巡回赛——校园系列赛于2016年推出，一系列USTA职业巡回赛在高校或高校周边展开，为在读高校球员提供更高质量的比赛环境，形成以赛代练的训练模式。

3. 职业训练

美国网球队职业计划为职业顶级球员提供长期、透明、开放的环境，为球员团队营造良好的交流氛围，为球员的目标和课程制订科学的计划。一年20周的高质量训练满足球员在技术、战术、生理、精神等多方面的竞技能力需求。所有的规划和安排都是为了球员最终能够进入世界排名前100的终极目标，这就意味着球员需要参加各种高级别的国际赛事，因此美国网球协会会提供参赛补助，包括四大满贯赛、一部分ATP巡回赛和挑战赛。

即使球员离开了学校的支持，高校仍会给有较高比赛排名的球员以经济上的支持，离开学校的球员随后可自由选择其发展途径，如进入网球学院、选择经纪公司等。

综上是美国现代职业网球运动员的培养模式，不难看出，美国极其注重青少年网球运动员的培养，只有通过层层筛选的球员，才有能力面对众多比赛的压力。美国多元化的丰富的职业发展资源，为球员的职业道路提供了多种选择。

三、其他典型国家职业网球发展模式

（一）澳大利亚职业网球发展模式

澳大利亚是一个为竞技体育疯狂的国家，但网球在澳大利亚的发展却一直不温不火。在休伊特重伤之后，澳大利亚网球协会才一改风范，大兴土木建设网球场地设施，大行青少年网球培养体系，从幼儿园开始让孩子接触网球，一旦发现天赋异禀的10岁左右的青少年，便开始对他们进行国家级别的培养，一直到中学、大学。

澳大利亚职业网球还有一套有趣的排名体系，这套体系会对本土选手的每场比赛基于自身和对手的排名进行比分的预测，现场比赛结果与预测的对比会影响选手在该体系的排名。例如，遇到的对手是费德勒，系统预测你会直落3盘输掉比赛，如果你能够赢得1盘比赛，该比分高于预测，你在系统的排名就会提升。即使你输掉每一场比赛，只要成绩比系统预测要好，排名就会有所变动。排名关系到球员会被分配到的训练团队，排名越高的球员则会被分配到或者有权选择水平更高的队伍。

（二）日本职业网球发展模式

说到日本职业网球，不得不提日本“45 计划”，世界排名前 10 的锦之圭就是日本“45 计划”的杰出代表。该计划在索尼的鼎力支持下设立了网球基金会，将成绩最优秀的日本青年选手送往美国尼克网球学院进行全封闭学习，其间全部学习与生活经费由“45 计划”提供。可以称这种全托的职业网球发展模式为日本的举国体制。

第四章 我国职业网球发展的个案分析——以女子网球取得历史性突破为例

随着我国女网在职业网坛取得的一系列成绩可以看出，在短短的几年内我国女子竞技网球完成了历史性突破与整体性水平提高的双重使命。在我国女网取得辉煌成绩的同时，我们也应清醒地看到，我国女网与国际职业网球发展水平相比还存在很大差距。网球职业化改革在传统思想观念、行政垄断、训练竞赛体制、后备人才培养模式等方面存在着严峻挑战。当前对网球职业化属性的认识、理解上存在误区；网球后备人才不足，可持续发展难以得到保证；网球市场的开发仍受到制约；运动员的个人利益诉求与国家利益的矛盾等成为制约我国网球职业化进一步发展的障碍。如何使我国女网健康、稳定、持续发展已经成为我国网球亟待解决的问题。我国学者主要从网球技术与战术统计分析、技术的生物力学分析、项目的发展现状以及网球职业化发展等方面进行研究。目前尚未有学者针对我国女子竞技网球在短期内取得突破的过程，结合运动训练学、管理学等理论进行思考与梳理。因此，本研究将结合运动训练学与管理学相关理论与知识对我国女子网球发展实践中存在的问题及经验进行系统研究分析，归纳出其成功的经验，为更好地促进我国女子网球运动的发展提供借鉴。同时，研究该项目的成功经验也对我国其他体育项目的突破具有重要启示意义。

一、女子网球项目发展简介

网球项目虽然早在19世纪后期就传入我国，但其在我国前40年发展坎坷，成绩也不理想。改革开放以后我国女子竞技网球运动才得到较快发展，竞技网球水平有了较大水平的提高。1986年李心意获得第10届汉城亚运会女子单打冠军，1990年北京亚运会我国获得3金、3银、1铜。到了21世纪初期，我国女网发展又面临低谷。2002年釜山亚运会我国女网未拿到一枚奖牌。2004年雅典奥运会后，我国女网进入了一个崭新的历史发展时期。雅典奥运会，我国女子双打运动员李婷、孙甜甜终于站在奥运会的最高领奖台上。2006年郑洁、晏紫先后在澳网与温网上获得大满贯赛双打冠军。2008年奥运会李娜进入单打排名前4，郑洁、晏紫获得双打铜牌，郑洁先后2次进入大满贯赛，排名是前4。李娜2011年夺得法网桂冠，2012年夺得辛辛那提公开赛冠军，2012年中网进入4强，世界排名最高上升到第6位。近几年，我国先后有6位女运动员进入世界排名前100。总结来讲，我国女网在改革开放后经历了“成绩上升—成绩下滑—成绩突破”三个阶段。

二、“两个忽视”的发展与“两个坚持”的提出

在对我国女网成绩下降阶段的系统调研结果中有两个重要发现，即“两个忽视”与“两个坚持”。

（一）忽视对职业网球属性的认识

职业网球体现的是一种价值实现多元化，强调在遵循市场经济规律前提下运动员以网球运动为职业而谋生的发展模式。我国传统的专业培养模式是以为国争光为目标的单质性培养，这种单质性目标体系已经不适应职业网球的发展需要。尽管奥运会、全运会的优异成绩能给运动员带来较大的经济利益，但是这些经济利益与运动员网球职业化的收入相比相差甚远。从另一个侧面讲，运动员只有在职业赛事中不断提高自身的竞技水平，才可能在奥运会网球比赛中取得优异成绩。因此只有提高对职业网球属性的认识，才能打破传统的观念，树立实现职业网球

的价值理念。

（二）忽视专项体能训练

从釜山亚运会的网球比赛录像以及运动员的国际比赛现场来看，我国大部分运动员在发球速度、击球速度与移动速度方面与国外职业选手相比存在较大差距，尤其在比赛后半程出现体能严重下降的现象。这从另一个侧面可以反映出我国女子网球运动员在体能训练方面存在着严重不足。体能是运动员竞技能力的重要构成部分，是运动员机体的基本运动能力。在传统专项体能训练模式中，均依据比赛时间进行技术训练，通过技术训练来带动专项体能训练，或者只进行一些简单的耐力性、力量性训练。因此，我们必须对职业网球的专项体能训练进行再认识。从职业网球的专项体能训练来看，良好的职业网球专项体能训练是提高运动员技战术水平与心理因素的基础，也是运动员在训练中承受大负荷训练的关键。所以，探讨提高职业网球专项体能训练的有效方法和手段是我国女子网球运动员实现突破的基础和前提。

（三）“两个坚持”指导思想的确立

我国在对世界职业网球发展现状、趋势进行分析的基础上，结合我国女网发展实践明确提出“坚持以女子网球发展为重点，以女子双打为突破口”的战略方针，这为我国女子职业网球实现突破指明了方向；“坚持走中国特色的网球职业化发展道路”全面提高了我国女网竞赛与训练水平，为我国女网实现突破提出了具体要求。

三、我国女子职业网球水平落后的反思

一个运动项目职业水平发展得成功与否，总会有其内外部因素之间的必然联系。我国女子职业网球水平落后的主要症结在哪里？这是我国女网亟待解决的重要课题。本书通过对我国女网发展实践调研与专家论证，发现了我国女网落后的认识根源与实践根源。

（一）不能科学把握网球项目规律是我国女网落后的认识根源

运动训练的实践证明，训练理论是训练过程系统化和科学化的基础，是快速提高运动水平的保障，而项目的制胜规律又是项目训练理论的基础。当我国女网水平出现下滑和停滞不前时，我们不能把全部原因归结在选材、训练方法与手段等方面，而是应该对训练理念进行反思，更重要的是把握项目制胜规律。任何一个优势项目之所以成为优势的内在因素，就是不断地、前瞻性地对该项目的制胜规律进行审视、探究，并把握项目在发展过程中的规律。大量成功案例证明，只有正确地认识竞技项目的本质规律，才能准确把握竞技项目发展的关键与导向。对网球项目特征与制胜规律缺乏科学的认识导致了我国女网不能有所突破，这种观点不仅正确，而且也被同行认可。

（二）训练过程机械移植，缺乏科学训练是我国女网落后的实践根源

训练质量不高的重要表现是在训练实践中机械移植，而主动创新不足。例如，体能训练中的力量训练，国外进行体能训练的思路是，首先了解网球运动员在完成技术动作中所用的是哪些肌群，哪些力量练习方法和手段能发展这些肌群的力量，在力量练习中所采用的练习方法与手段的技术规格有哪些，这些练习方法与手段如何组织，练习效果与质量又如何诊断和评价，力量训练的成果能否成功地转化到竞技水平上，等等。而我们的教练员只是机械地把国外的力量训练指标与评价作为训练指导，不重视专项力量的科学化设计、评价与转化，没有将力量训练成功转化到竞技水平上。再如，提高运动员发球速度训练，国外教练员进行发球速度训练的思路是，首先分析发球速度提升不上来的原因是什么，是技术动作不合理，还是身体力量达不到。如果是技术动作不合理，他们通常会通过生物力学分析寻找技术动作不合理的原因，结合运动员自身技术，进行科学诊断，然后对改正技术动作的训练进行科学设计，再根据设计进行有针对性的训练，训练一段时间后再进行技术诊断。可惜的是，我们的训练主要是凭教练员的直觉与经验进行的，缺乏科学的训练，在训练课中强调的是“内容要多、时间要长、节奏要慢”，这与现代职业网球所提倡的“高质量、短时间、大强度”的训练理念相违背。

四、女网取得历史性突破的核心启迪

李娜在法网上的夺冠，使得我国女网在短期内成绩取得历史性的突破，其意义绝不是获得一项大满贯冠军，更重要的是对我国女网取得突破背后的思考与探索。

（一）走职业化发展道路是实现短时间内跨越式发展的必由之路

我国女网的发展实践表明，正是决策者从战略上进行超前设计，准确地把握项目发展趋势和方向，坚持走职业化发展道路，为项目的发展开启了思路。其主要表现在以下三个方面：（1）统一职业化思想认识，形成职业化的思想观念，进一步认识和把握网球职业化发展规律；（2）借鉴职业化训练理论，形成网球职业化的训练体系，在职业网球训练理念指导下对训练进行安排、设计和科学实施；（3）结合我国网球发展实践，构建网球职业化的管理体系，让人才各尽其能，分工协作，达到高质量、高效率的职业化发展目的与要求。

（二）管理与训练一体是我国女网取得突破的组织保证

我国女网的发展实践告诉我们，我国女网成绩的成功突破依靠于决策、管理和训练的质量均达到较高水平。没有决策层提出走职业化发展道路，就不可能有管理与训练模式的创新，更不可能有“一个核心”“两个机制”“两个结合”的提出。有英明的决策，没有强有力的管理与训练，也不可能使我国女网成绩在短期内取得历史性突破。正是管理和训练一体为我国女网成绩的突破提供了组织保证。

（三）职业化团队提升竞赛与训练的竞争力

我国应通过“请进来，走出去”的双向学习渠道不断提高教练员的执教水平，引入在网球训练领域有重要成果的科研教练员，进一步加强我们在人才培养与科学选材等方面的合作，选派有竞争力的教练员出国学习，逐步形成高水平运动员、职业教练员、职业科研人员、职业管理人员为一体的职业化团队，从根本上改变我国网球训练系统，这也会大大提升女网竞赛与训练的竞争力。

第五章 中国特色竞技网球职业化发展模式

第一节 中国特色竞技网球职业化发展模式的提出

2002年釜山亚运会我国网球队没有拿到一枚奖牌，这次惨败令我国网球界深刻反省，闭门造车（即完全举国体制）只能是死路一条，我国网球只有融入国际网球大家庭才有出路。我国网球要想在奥运舞台为国争光，必须在职业赛场有所作为。于是，国家体育总局网球运动管理中心下定决心实施酝酿已久的“球员职业模式”，确立了“必须坚持走职业化的道路”的指导思想，同时坚定了“以女子网球为重点，以女子双打为突破口”的战略方针。确定职业化发展之后，国家加大对网球事业的经济投入，在“多参战—挣积分—进奥运”的目标下，允许运动员大范围地参加国际比赛，开始了职业化的试水。2009年，李娜、郑洁、晏紫等运动员率先“单飞”，即自己聘请教练员、自己决定参加何种比赛、自己分配奖金，简言之，即自负盈亏。自此，她们正式走上了职业化道路，标志着我国网球在职业化道路上迈出了关键的一步。

李娜等人“单飞”之后，我国女网取得的成绩喜忧参半，喜的是李娜、郑洁等选手表现突出，其中，李娜于2011年澳网和法网中分别获得了亚军和冠军。鉴于这一批优秀职业女子选手在大满贯赛和奥运会等赛事中的突出表现，我国竞技网球已经上升了一个很高的台阶，并逐步与世界竞技网球接轨，在我国网球史上掀开了崭新的一页。很早就有人提出我国竞技网球走职业化道路，但是没有取得实质性的发展，直到2009年年初国家体育总局网球运动管理中心做出允许运动员自主训练、自主参赛、自负盈亏的决定，即允许在举国体制下培养的有一定能力和水平的运动员“单飞”。我国网球在女子项目上取得了一定的突破，但我国网球整体实力并不理想，尤其是男子网球项目，多年来一直在国际网坛上处于落后的境地。就全国运动队整体水平来看，无论是教练员队伍还是运动员竞技状况基础都十分薄弱。近年来，我国男子网球发展过于缓慢，能有资格在国际赛场上参赛的选手寥寥无几。随着我国竞技网球职业化的不断深入，暴露出来的问题也有所增加，如后备人才匮乏、选材育才不科学、女子单打与双打发展不均衡、男女发展差距过大、训练培养模式不完善、教练员水平较低等，它们制约着我国竞技网球职业化的发展，由此证明了在我国实行完全职业化的竞技网球发展模式是行不通的。

关于适合我国的竞技网球职业化发展模式的探索一直是人们议论和探讨的话题，针对我国竞技网球职业化发展现状存在的差距与不足，为促进我国竞技网球事业全面发展，结合我国实际国情、国策、项目发展需求、民众期待等因素综合考虑，本研究提出了我国的网球事业要走有中国特色的竞技网球职业化道路，即中国特色的举国体制与职业化相结合的双轨制发展模式 。

随着改革开放的不断深入和市场经济体制的逐步确立，我国网球运动员培养体系在理念、体制、运作上进行了大胆的探讨与改革，积极寻求建立适应现代网球发展潮流和具有中国特色的网球运动员发展模式，实现由以政府投资为主向政府主导下的社会投资为主的网球运动员培养模式的转变，即开始以企业、国家和省、直辖市、自治区三方合资的模式培养运动员，如之前的彭帅和一些青少年选手。实践证明，举国体制下的职业化是一种成功的培养模式。

这是一条一项两制的道路，即在举国体制下培养运动员，而在完全职业化的国际赛制中参赛、赢积分、抢排位、出成绩的双轨制道路，是具有中国特色的网球职业化发展模式，在世界上是独一无二的。因此，在这条道路上没有前车之鉴可循，充满着荆棘和挑战，如国家体育总局网球运动管理中心原主任孙晋芳所言，“推进中国特色职业网球的过程是一个探索创新的过程，既没有前人的经验可以借鉴，也没有既定的范例可以模仿，更没有现成的理论和方案可以应用，我们始终如履薄冰、谨慎前行，在实践和总结的循环往复中，以创新为驱动力，用不断的发展解决发展中所遇到的各种问题”。中国特色竞技网球职业化发展模式取得一定程度的成功，为实现我国竞技网球职业化提供了良好的发展契机。

第二节　中国特色竞技网球职业化发展模式的特征

我国竞技网球职业化发展，属于由网球专业体制向职业化体制转变的阶段，具有明显的转轨特征，体现了两种体制的有效融合。

一、时代性

中国特色竞技网球职业化兴起于职业网球与专业网球差距拉开的关键时刻，从苏联移植来的举国体制使我国竞技网球在发展初期获得了一系列优异成绩。在亚运会比赛中，李心意在汉城亚运会女子单打上获得我国的第 1 枚亚运会网球金牌。同时，李心意、钟妮、殷丽兰、濮秀芬获得女子团体赛金牌。1990 年北京亚运会，我国男网包揽了男团、男双、男单 3 枚金牌。最终，我国网球取得了 3 金、3 银、1 铜的辉煌战绩，这是迄今为止我国网球在亚运会上的最好战绩。1994 年广岛亚运会，我国男网选手潘兵成功卫冕。同时，夏嘉平与李芳合作拿下混双金牌。1998 年曼谷亚运会，李芳、陈莉夺得女双金牌，延续了我国网球连续 4 届亚运会都有金牌入账的成绩。同时，我国女双获得了亚运会上第 1 枚金牌。

然而，由于缺少与职业化高水平选手竞赛的机会，举国体制下我国网球疲态尽显。2002 年釜山亚运会，中国队在 7 个比赛项目中竟然无人闯进 4 强。这次惨痛失利，极大地暴露出举国体制对竞技网球发展的影响。由此，网球决策层痛定思痛，开始进行职业化的试水。国家体育总局网球运动管理中心原主任孙晋芳认为，现在我们的运动员开始“单飞”，不是我们想这样做，而是潮流推动我们必须这样做。这就像生产力和生产关系，是相互影响、相互制约的。我们也需要不断创新的机制，来不断适应这种关系。职业化水平也是衡量体育强国的标志之一。实践领域的专家也认为，只有中国特色竞技网球职业化发展模式，才是我国竞技网球发展的必由之路，而事实也一再证明了这条道路的正确性。正是中国特色竞技网球职业化发展模式，帮助李婷、孙甜甜在雅典奥运会上创造了一个“中国神话”，帮助郑洁、晏紫在大满贯赛中取得“挑战高手的胜利”，帮助李娜取得“前无古人的历史性突破”。

中国特色竞技网球职业化发展模式是我国在与世界其他强国差距拉开的关键时刻转变思路、调整方式的追赶行为，具有鲜明的时代性。

二、过渡性

举国体制向双轨制转变的现实取向是举国体制向职业化过渡，这是中国特色竞技网球职业化发展模式的主要任务。究其原因，举国体制虽在短时间内可以迅速提高成绩，但其弊端对竞技网球的长期发展影响深远。在举国体制下，“管办不分”的体育体制与市场经济下体育高度社会化和产业化的要求背道而驰，机构运行高度依赖政府行政手段，资金来源高度依赖计划手段和政府财政投入，造成了体育事业对国家和政府的严重依赖，抑制了社会办体育的积极性，使得整个体育系统的发展缺乏自我造血功能。在举国体制下，体育人才难以合理流动，既影响了运动员、教练员的积极性，又与市场经济所要求的人才自由流动原则相背离。职业化是我国竞技网球以及世界发展的大势所趋，但我国由于受基本国情、项目特点等综合条件制约，完全僵化地照搬西方网球职业化模式也是行不通的。2005年，彭帅向国家队提出“单飞”要求，并希望国家体育总局网球运动管理中心能适当放宽尺度，让自己能做到奖金自主、教练员自主、参赛自主，做一名彻头彻尾的职业化球员。由于当时各方面条件尚未成熟，彭帅的“单飞”要求不但没有成功，反而引发了一场风波，直接影响了次年澳网的成绩。

我国竞技网球职业化路径是：举国体制—半职业化（双轨制）—职业化。从举国体制到职业化，根据专家访谈的结果，大多数专家认为2020年我国职业网球发展格局基本形成，其基层和高端投资以个人为主，国家主要负责网球基础设施建设。因此，必须立足于我国国情，巩固和完善中国特色竞技网球职业化的运作模式，建设职业化的运动员、教练员、科技人员培养体系，完善职业化市场运作和竞赛体系，快速、稳定地向职业化推进，最终实现完善的人才培养体系、高效的市场运作体系、合理的竞赛体系“三位一体”的中国特色竞技网球职业化发展模式。

中国特色竞技网球发展阶段如图5－1所示。

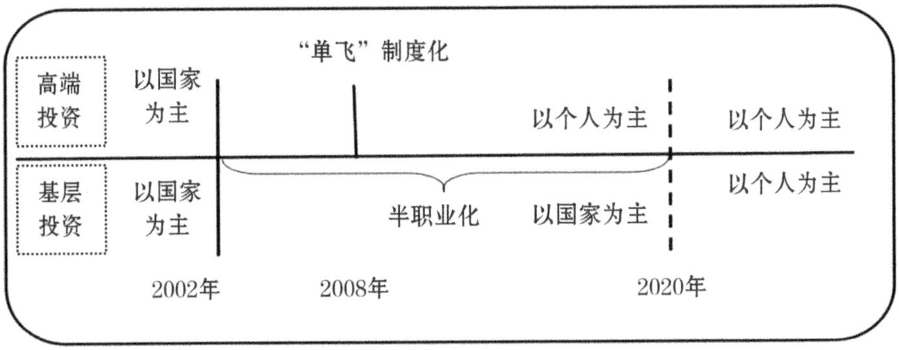

图5－1　中国特色竞技网球发展阶段

三、双轨性

纵观网球发展的历史，专业与职业混合的发展模式，不同阶段对网球发展模式的选择，主要是满足不同时期的网球发展要求。传统举国体制具有“集中力量办大事”的优势，是一个体育基础薄弱、人口众多的发展中国家竞技体育迅速崛起最简便快捷也最具有实效性的途径。尤其是在双打方面，举国体制下的运动员在一起训练，有充裕的时间去熟悉双打搭档和进行配合训练。反观职业化运动员，大多是在大赛前临时配对，因此在搭档熟悉程度和配合默契度上远远逊色于举国体制下的运动员。然而，职业化能够使运动员更加灵活地安排自己的训练和赛程，在经济上也能激励运动员更加积极地训练和参赛，对运动员后期的成长有着举足轻重的作用。在这种情况下，把两者的优势结合起来形成的双轨制发展模式应运而生。这种模式是在中国特色的举国体制下合理开发、利用及配置竞技体育人力、财力、物力、信息、科技、体制等资源，坚持走网球职业化道路的有益尝试。此外，一部分运动员能适应职业化，而另一部分运动员暂时不适应职业化，或没有强大的保障团队和经济实力去支持走职业化道路，我国“四朵金花”“单飞”后参加四大满贯赛的成绩证明了这一点（表 5－1）。李娜和彭帅“单飞”后成绩均稳步上升，尤其是李娜，成为我国乃至亚洲在网球四大满贯赛上夺得单打冠军的第一人。郑洁和晏紫“单飞”后成绩则波动较大甚至有所下滑，这也凸显了双轨制的必要性。中国特色竞技网球职业化发展模式，将举国体制优势和职业化优势结合在一起，满足了我国当前经济水平下发展竞技网球的需要。

表 5－1　“单飞”前后“四朵金花”大满贯赛成绩与单打世界排名对比（2006—2017 年）

运动员	“单飞”前世界最高排名	“单飞”后世界最高排名	“单飞”前大满贯赛最好成绩	“单飞”后大满贯赛最好成绩
李娜	15	2	单打 8 强	2 次单打冠军
彭帅	56	14	女双 8 强	2 次双打冠军，单打 4 强
晏紫	40	131	2 次女双冠军	女双 8 强
郑洁	27	15	2 次女双冠军	单打 4 强、女双 4 强

四、系统性

中国特色竞技网球职业化发展模式作为我国网球发展长期探索形成的认识成果，运动员、教练员和后备人才协同发展，体现着网球发展模式多样性的统一和差异性的统一。中国特色竞技网球职业化人才培养体系、中国特色竞技网球职业化市场运作体系、中国特色竞技网球职业化竞赛体系共同构成了中国特色竞技网球职业化发展模式，使之成为一个系统（图5－2），三者互相依存、互相作用，是一个统一的整体。其中，人才培养体系为竞赛体系和市场运作体系提供了基础，市场运作体系则为竞赛体系和人才培养体系提供了保障；同时，竞赛体系为人才培养体系提供了目标，为市场运作体系提供了基础。因此，我们一方面要“三管齐下”，同时入手三者的发展工作，另一方面要在发展过程中平衡好三者的发展进程，唯有如此，才能保证中国特色竞技网球职业化发展模式在正确的轨道上进行。

从图5－2可以看出，网球职业化改革不是单纯人才培养的改革，而是应该形成以人才培养改革为突破点，以赛事开发和市场运作为两翼的发展格局。

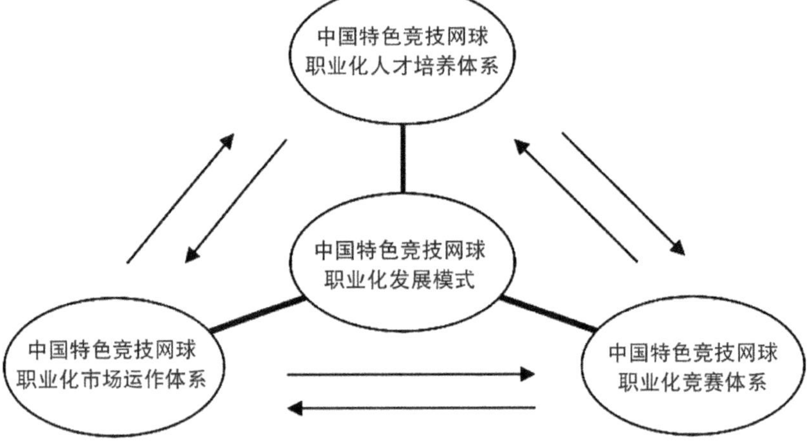

图5－2　中国特色竞技网球职业化发展模式示意图

五、女网优先性

在2002年釜山亚运会后，中国网球协会终于下决心实施酝酿已久的“球员职业模式”，确立了“必须坚持走职业化的道路”的指导思想，同时制定了“以女子网球为重点，以女子双打为突破口”的战略方针。2008年奥运会之后，国家体育总局网球运动管理中心决定对网球运动员实行“金花单飞”政策，意味着中国特色竞技网球职业化发展模式正式实施。我国 4 名顶尖、同时“条件成熟”的女子球员——李娜、郑洁、彭帅和晏紫终于成为我国史无前例的第一批“单飞”运动员。所谓“单飞”，其实是中国特色竞技网球职业化的一种模式，是在举国体制下的运动员身上“嫁接”职业化，使运动员站在举国体制这个肩膀上追求更高的目标，寻求更大的发展。“单飞”的最终目的是实现完全的职业化。“单飞”后的运动员能够脱离传统的行政管理模式，获得自由计划自己网球职业的权利——可以自己制定时间表，选择教练员和后援团队，只需将 1 年的赛事按周期上报，而且只需将奖金收益的 8% ~12% 上缴给中国网球协会。我国女网职业化的优先发展取得的成功，也带动了我国男网成绩的提升。2008 年之前，我国男网世界单打排名最高的孙鹏仅仅是第 350 多位，而目前，中国男网的“新锐”张泽、吴迪已跃升至第 150 多位。吴迪也在 2013 年首次参加大满贯赛——澳网。我国女网职业化优先发展，同时带动我国男网职业化发展，最终实现全面的职业化，这是中国特色竞技网球职业化发展模式的一大特征。

第三节　中国特色竞技网球职业化发展模式的意义

一、走中国特色竞技网球职业化发展模式是我国竞技网球职业化发展的必然之路

在职业网球运动员培养方面，要培养出一名优秀网球选手的费用极为昂贵，欧美等发达国家的培养模式与我国不一样，西方国家大多以个人家庭投入为起点，以获得商业赞助和比赛奖金为目的，这与我国由国家来培养运动员截然不同。我们知道，一名网球运动员从开始训练到出成绩，其间要经历一段漫长的过程。我国许多网球运动员的家庭经济条件一般，甚至有的运动员家庭经济条件十分困难，

而网球运动的训练、场地、器材、参加各种比赛等都需要高额费用，这些费用全部由国家负担，运动员无须为花费问题担心。可以说如果没有国家投资，我国很少有家庭能负担起这些费用。

显然，我国现阶段的经济状况和社会条件，决定了我国无法实施西方网球优秀运动员的培养模式。我国是一个以计划经济为主的发展中国家，国家出资培养运动员的直接目的就是能在国内、国际重大比赛，特别是奥运会、世锦赛等国际重大赛事中取得佳绩，为国家争得荣誉，而运动员本身也能实现自己的人生价值和意义。在举国体制下，我国网球运动员的衣食住行、背后的科研力量、医疗康复、教练员和后勤人员等都能得到有效保障。因此，可以毫不夸张地说，我国网球事业之所以能在较短时间内有所突破，得益于举国体制，举国体制是我国竞技网球快速发展和我国竞技网球走职业化道路的基石，是我国竞技体育在国际竞争中取得胜利的基本经验和制胜法宝，是我国网球项目水平实现跨越式提高的坚强后盾。

我国现阶段的经济状况和社会条件，决定了我国无法实施西方网球优秀运动员的培养模式。因此，走中国特色的竞技网球职业化发展模式是我国竞技网球职业化发展的必然之路。

二、中国特色竞技网球职业化发展模式是我国竞技网球管理机制体制改革的方向

我国是一个举国体制下的体育大国，所有运动项目的兴起与发展都离不开国家的建设与扶持。网球项目由于其训练、场地、器材、参赛等各方面都需要花费高额费用，因此，该项目的发展更离不开国家的开发与扶持。在我国，网球项目的最高权力机构是国家体育总局网球运动管理中心，它集权利和义务于一体，名为实体的国家体育总局网球运动管理中心，已经成为集类似政府、社会、企业三种功能于一体的特殊产物。因此，主管部门如何进行改革和调整是我国竞技网球管理机制体制改革的风向标，同时也关系到我国竞技网球职业化发展的未来。主管部门应进一步明确定位，既能够担当起政府部分职能，是政府机构的延伸，又能够充当自治机构，承担更多的责任和义务，提供更多优质有效的社会服务，为

更多的社会团体和个人提供数量更多、质量更优的网球商品。可以断言，就我国多方面的综合实际状况而言，举国体制下的竞技网球职业化双轨制发展模式是我国网球发展的必然选择，而我国网球职业化能否得到真正发展，能否走向市场、走向国际化，关键在于我国竞技网球管理机制体制是否能够按照中国特色竞技网球职业化发展模式来发展和前进。

国家女网前主教练员蒋宏伟认为，“职业化管理模式应充分体现行政手段和市场手段的有机结合、政策办法与契约管理的有机结合”。目前我国的行政手段主要是举国体制下保证运动员未成熟、未能实现“单飞”之前的管理、支持、培养，而等到运动员能够脱离国家、自己走职业化道路的时候，国家要充分“放手”，协调和解决好官方和个人之间的种种矛盾和冲突，充分认识到管理机制体制问题与运动员在职业文化素养上的局限性等诱发矛盾的原因，改革与完善运动员的投入与回报机制，在充分体现国家和集体利益的前提下，最大限度地保护和提高运动员、教练员的经济利益，激发他们训练和比赛的积极性，寻找个人利益与国家和集体利益的最佳结合点，使运动员的投入与产出实现真正意义上的平衡，最大限度地调动和提高运动员的积极性和主动性。

具有中国特色的竞技网球职业化发展模式是我国竞技网球管理机制体制改革的方向，这种具有中国特色的竞技网球职业化发展模式要求我国坚定不移地坚持和完善举国体制的保障作用，积极推进和鼓励有能力的运动员走职业化道路，使之能够在国际赛场上取得良好的成绩和排名，提高其竞技能力和水平，推进我国网球职业化发展进程。

三、中国特色竞技网球职业化发展模式得到了我国专家的一致认可

近年来，关于我国竞技网球事业的发展一直是国内外专家学者讨论的焦点和难题。目前，我国既存在着举国体制培养模式下的运动员，也有走职业化道路的运动员。在我国竞技网球走职业化道路之前，我们采用的是举国体制培养模式。但是随着竞技网球职业化的发展，完全的举国体制培养模式下所暴露出来的问题证明其已不能完全适应世界竞技网球的发展趋势。我国女子网球近几年的职业化

发展之路及其所取得的一系列令人惊喜的成绩证明了职业化发展模式在现阶段的可行性。那么我们应该如何选择一个正确的运动员培养模式，是采用举国体制模式，职业化模式，还是采用两者相结合的双轨制模式？为了能够为我国竞技网球找到一种更加准确的发展模式，本研究对一些国内专家进行了访谈，经过论证，众专家一致认为我国竞技网球应该走一条举国体制与职业化相结合的双轨制发展模式道路。本研究在对国内从事网球训练与理论研究方面的专家进行我国竞技网球职业化发展模式的研究论证后得出相关结论（表5－2）。

表5－2　我国竞技网球职业化发展模式专家评审　　$n=10$

我国竞技网球职业化发展模式	举国体制	职业化	双轨制
不认可	10	10	0
认可	0	0	10

第四节　中国特色竞技网球职业化发展模式的 SWOT 分析

一、发展模式的优势“S”（strengths）

（一）中国特色竞技网球职业化发展模式符合我国国情

党的十九大以来，习近平总书记高度关心和重视体育事业，始终从中华民族伟大复兴和人民群众的美好生活向往的高度引领体育事业健康有序发展。2020年9月22日召开的教育文化卫生体育领域专家代表座谈会上，习近平总书记强调，

“加快体育强国建设”“要科学研判体育发展面临的新形势，坚持问题导向，聚集重点领域和关键环节，深化改革创新，不断开创体育事业发展新局面”。这对于推动我国体育事业高质量发展具有重要指导意义。而建设体育强国，走网球职业化发展道路也是中华民族复兴的组成部分。不论是经济还是体制都在不断地变革，体制上的变革不断深化，也影响到了竞技体育发展模式的变革。传统的举国体制具有“集中力量办大事”的优势，而职业化能够使运动员更加灵活地安排自己的训练和赛程，从经济上也能够激励运动员更加积极地训练和参赛。把两者的优势结合起来形成的双轨制发展模式正是在这种情况下应运而生的。从体制上看，我国是一个计划体制比较严重的国家，经过 40 多年的改革与开放，社会主义市场经济体制初步建立。改革开放以来，我国的综合实力有了很大提升，国民生产总值已跃居世界第 2 位，不过我们应该看到，我国人均 GDP 在 2012 年的世界排名中还在第 89 位。在我国现有的国情下，很少家庭可以负担起一个网球运动员从小训练到最后成才的费用，而且在我国也没有成形的网球俱乐部来支撑起我国网球运动员成才前的培养费用和训练团队。举国体制与职业化相结合的双轨制模式是将举国体制的优势和职业化的优势结合在一起而形成的一种符合我国国情的网球职业化发展模式，这种模式可以解决运动员成才之前的资金投入问题。我国的举国体制正好承担起了解决资金问题这一角色，从运动选材到训练再到成才这一过程中的费用和教练员团队的组建都由国家承担。但是举国体制对运动员的后期发展不能起到促进作用，所以到了成才期运动员可以有选择性地走职业化道路，从而可以来到职业化赛场磨炼，更好地提高竞技水平。这样既解决了前期投入和训练的问题，又可以使运动员在具有一定竞争力后走职业化道路，这正是双轨制模式的优势，这种优势正好满足了我国当前经济水平下发展竞技网球的需要。

（二）政府为中国特色竞技网球职业化发展模式提供支持

我国体育的突飞猛进离不开举国体制的有力支持，网球的突破与进步也离不开举国体制的有力保障，国家体育总局网球运动管理中心原主任孙晋芳在《锐意改革 不断进取——努力实现中国网球更大突破》一文中提到，“汇集举国资源，组织国内优秀教练员、运动员组成奥运攻坚队伍；选调全国优秀男子选手，提高重点选手的训练质量；调集高水平科研人员为备战队伍提供强有力的科技服务和保障；集中有限财力，保障重点选手训练参赛和外教聘请等经费。聚合举国智慧，为网球项目的突破出谋划策，找准发展的方向”。在国家体育总局制定并印发的《体育产业“十二五”规划》中，要求进一步转变政府职能，加快培育体育市场主体；各级体育行政部门要切实履行政策调节、市场监管、公共服务和社会管理等职能，加快从“办体育”向“管体育”转变；按照国家总体部署，推动国有经营性体育事业单位改制，完善法人治理结构；建立产权清晰、权责明确、政企分开、管理科学的现代企业制度；按照管办分离的原则，积极调动社会力量参与市场化运作，积极探索建立以企业为主体的重大体育赛事和体育活动的市场化运作机制。

（三）中国特色竞技网球职业化发展模式为我国竞技网球人才培养指明了方向

后备人才的培育工作是我国竞技体育发展的根基和源头，关系到网球项目的持续发展。因此，运动员的培养和选拔就成了网球项目发展的重中之重。我国传统的网球人才培养模式是：体校—地方队—国家队。在计划经济条件下，大多数高水平运动员来自基层的业余体校，这些体校成了输送后备人才的基地，是各个高水平运动队得以发展和壮大的生命线。按照传统的管理体制，运动员的培养和选拔都是在体制内部进行的，两者的矛盾并不突出。然而，随着网球职业化的发展，一个个网球场馆相继对外开放，成了经营场所，形成的网球市场也就越来越大，参与的人群越来越多。这种现象造成了业余体校网球班在市场化的冲击下解散，就如中国网球学校破产一样，业余体校的根基受到了动摇，上层高水平运动队的建设就出现了问题，多年来专业队常面临招生无源的尴尬困境。因为运动员多元化的培养模式已经脱离了单一的选拔机制，其他培养方式出身的运动员想投身于专业网球运动却出现了找不到门的现象。由于原有机制并没有彻底改革，人才培养虽然社会化，但在人才的选拔上又不得不进入“国家选拔”体制，即从体校到省、直辖市、自治区队再到国家队的体制。人才输送渠道不畅，运动员的培养和选拔已经脱节。我国网球发展模式要走向中国特色竞技网球职业化发展模式，必须对后备人才的培养方式进行改革，依据职业网球基本规律，结合我国国情给予有利政策，逐步建立新的后备人才投入与产出的回报机制，在不损害国家和集体利益的前提下，最大限度地保障教练员和运动员的利益，充分激发教练员与运动员参训、参赛的积极性，并且应逐步探索和借鉴国外选手通常的培养模式，在借鉴国外培养模式的基础上创新出更加适合我国国情的后备人才培养模式——国家、企业、个人共同承担一个选手的培养模式。发展模式的确立可以更好地为探索后备人才培养模式指明方向，使我国网球朝着一个更加明确的方向快速发展。有了确切的后备人才培养输送机制，也可以反过来促进中国特色竞技网球职业化发展模式的发展和完善。

二、发展模式的劣势“W”（weaknesses）

（一）中国特色竞技网球职业化发展模式的经验不足，管理机制体制不完善

职业网球运动员所需资源的募集和配置是一种国际化的市场行为，在使用过程中要求“一对一”“多对一”的服务，并具有独占性特点。在现有体制下，我国资源的汇集主要通过行政手段实现，这种方式对国际化、职业化程度极高的网球项目而言，不利于在更大的范围、更深的层次对资源充分利用，存在着资源汇集总量不够、质量不高的局限性；在资源的配置和利用上，不能实现对优秀运动员的最佳保障。运动员在融入国际网球职业化的过程中，逐渐增强了对自身保障体系的要求，不论在科研团队上，还是在日常医疗服务和保障等方面，都更加重视。根据现行状况，国家调整政策，加大了对运动员服务和保障的力度，为国家主体投入运动员配备了专职技术教练员以及提供了计划内训练参赛周期所必需的公共性保障资源和条件的支持。但是随之也出现了一些问题：这些保障机制是否已经满足了运动员们的需要？国家经费的投入是否能够保证职业化运动员所要求的“一对一”的服务和保障形式，能否达到投入和产出的平衡？这些问题伴随着我国网球融入国际网球职业化大环境便产生了。

（二）过多的政府干预束缚中国特色竞技网球职业化发展模式

我国网球推行职业化发展道路，是我国网球适应国际职业网球大环境的必然选择。因此建立一种市场化、职业化的训练体制已是大势所趋。但是，在推行网

球职业化过程中的现行运动员培养组织与管理结构的行政垄断，却是影响我国网球职业化发展进程和与国际接轨的一个重要原因。所谓“行政垄断”，是指“行政主体滥用或超越行政权力，限制、妨碍或排斥经济竞争的行为”。这是指长期以来我国的运动员培养组织管理体制是高度集中的、以行政管理和指令为基本手段的一种体制，是与计划经济相适应的一种管理方式。在这一体系下，项目管理中心与协会是“同构”或“混合机构”，而名为实体的国家体育总局网球运动管理中心，已经具有了类似政府、民间协会和企业派出机构等功能，成了集政府、社会、企业三种功能于一体的特殊产物。特别是主要领导的“同一性”，使这种本来属于社会民间团体的协会面目全非，因而职业网球的发展客观上也变成了一种实施上的政府行为，在这种情况下难免为了政绩目标和利益，又以协会的名义做出一些明显有失公平的规定或限制。这对于刚刚迈步走上市场经济轨道与国际职业网球接轨的我国竞技网球来说，首先面临的这种来自内部的约束和控制，显然不利于职业网球的正常发展。现在的网球项目系统组织结构和组织形态是产生这种情况的根本原因。

（三）我国竞技网球职业化的发展还不能完全市场化

网球市场是一个特殊的体育市场，作为网球经济的载体，只有把网球“这块蛋糕”做大，扩张市场的容量，才能步入良性循环的轨道。从客观上讲，与国际职业网球相比，由于受国情和体制的制约，我国网球职业化步伐仅仅局限于比以前参加或举办更多的国际网球排位赛，而市场开发仍然停留在计划经济的框架之下。与国际职业网球相比，我国职业网球在赛事运作方面的差距还很大，国际上网球赛事的举办没有政府的参与，我国恰恰相反，我国的网球赛主要是由政府主办、网球行政部门承办和网球协会运营的，企业参与的机会不多，赞助就更难拉，并且网球赛事在运作过程中几乎是赔钱的。在国外，许多跨国企业把网球作为展示其形象、扩大影响力的重要媒介之一，如著名的IBM、奔驰、雷达表等，通过对市场的大力开发，为职业网球的高额奖金及比赛更好地举办提供了物质保障。我国现行体制侧重于全民健身和奥运争光，不太适应网球市场的快速发展。我国整个体育产业总值不到全国GDP的2‰，按体育增加值算尚不到1‰，其中的网球经济更是微乎其微。网球职业化文化氛围的缺失，造成我国网球市场的拓展举步维艰。另外，我国网球消费市场小，顶级赛事少，使得商家参与网球赛事合作的积极性不高。

在欧美等网球发达国家，网球学校和俱乐部是培养职业网球运动员的重要途径，由于欧美网球发达国家网球商业化和市场化程度极高，运动员在前期训练方面的费用由企业赞助，后期球员成才为企业带来商业利益，进入一个良性循环。我国一些网球学校的倒闭证明我国网球商业化和市场化制度还有待完善。

三、发展模式的机遇“O”（opportunities）

（一）我国特色竞技网球职业化发展模式得到了国家相关管理高层的高度重视

国家体育总局网球运动管理中心原主任孙晋芳曾经向运动员承诺，“在 2008 年以后我们一定会采取很多改革和开放的政策”。在 2008 年奥运会之后，我国对运动员实行“金花单飞”政策，这意味着传统的举国体制将要发生革命性的变化。孙晋芳在接受采访时曾说过：“我觉得举国体制不是坏的，而是应该完善。尤其是网球，青少年阶段肯定需要举国体制，因为我国的经济发展还处于初级阶段，而网球项目花钱很多，没有举国体制不可能培养出来运动员，但到了一定时期，也要顺应潮流，让那个运动员到国际市场上去拼搏、适应，再推动这个项目的发展。”孙晋芳在《锐意改革 不断进取——努力实现中国网球更大突破》一文中提到：“汇集举国资源，组织国内优秀教练员、运动员组成奥运攻坚队伍；选调全国优秀男子选手，提高重点选手的训练质量；调集高水平科研人员为备战队伍提供强有力的科技服务和保障；集中有限财力，保障重点选手训练参赛和外教聘请等经费。聚合举国智慧，为网球项目的突破出谋划策，找准发展的方向。”中国特色竞技网球职业化发展模式得到了国家相关管理高层的高度重视，这是我国网球运动发展的机遇。

（二）国家体制改革不断深化为中国特色竞技网球职业化发展模式提供机遇

改革开放40多年以来，不论是经济体制改革，还是政治体制改革，我国都取得了一定的成果，经济市场化程度不断加深。我国政治体制改革的“星火燎原模式”，为市场经济机制与社会主义民主政治体制优势的有机统一和结合，积累了丰富的实践经验和成功范例。政治体制改革正在努力实现以“法治”的方式“有效执政”：一是要真正懂得如何充分发挥现有制度优势和盘活现有制度资源，把制度资源充分利用起来，在完善制度环节实现制度创新。二是要制定符合本地实际情况和现实需要的发展政策和管理规范。三是要努力使制度内化为干部和群众自觉的行动秩序，制度不会因为个别领导人的变动和主观意志的变化而发生变化，从而避免人存政存、人走政息的弊端。职业化的本质就是市场化，我国现行的经济制度是具有中国特色的社会主义市场经济，符合我国社会主义初级阶段的市场经济，职业化的发展也要符合我国社会主义市场经济，我国竞技网球职业化发展的趋势正如我国市场经济快速发展。中国特色竞技网球职业化发展模式是政府管理和市场调节的结合，政治体制改革为这种发展模式的形成提供了可行性，政治体制改革的“法治”实现“有效执政”确保了这种创新的发展模式能够持续地发展下去，完成过渡时期有效、快速提高我国网球事业的任务。

（三）网球运动在我国蓬勃发展，网球市场逐步扩大

自从2002年釜山亚运会失利，我国竞技网球（尤其是我国女网）坚持走网球职业化道路，通过“单飞”，我国女网给我们带来了一个又一个惊喜，李娜等的突出表现使世界对我国竞技网球有了一个新的认识。在我国女网取得骄人战绩的同时，我们应该看到，在走职业化道路的过程中成绩的提高是必然的，因为我们看到，“单飞”的“金花”们组建了属于自己的更加职业化的教练员团队，训练更加科学化，使得我国女网的竞争实力真正得到了质的提升。我国女网成绩快速提高，媒体对网球运动的关注度也随之明显提升，为我国网球带来了巨大的潜在群众基础，越来越多的人开始关注网球运动进而参与并享受这项运动。群众基础的扩大又导致竞技网球后备人才储备库的扩大，在一定程度上解决了后备人才不足的劣

势。从这一方面来看，竞技网球实力的提升与群众基础的扩大是一个良性循环关系，成为中国特色竞技网球职业化发展的优势。

随着网球运动的普及以及网球运动背后的商业开发，我国网球市场也在经历着前所未有的变化。据国家体育总局网球运动管理中心估计，我国的固定网球人口应该在300万左右，而且这一人口数每年还以10%～12%的速度增长。大学是网球运动发展的绝佳土壤，随着我国经济实力的提高，网球已经从贵族运动变成普通老百姓可以参加的运动，在我国沿海地区的高校，网球非常受欢迎。上海大学体育教师徐娜表示，网球几乎成了上海大学最受欢迎的体育课程，每年有1 500名学生选修网球课，如果学生报名晚一些，就会因名额已满而报不上名。网球设施的不断完善让越来越多的大学生接触网球，不过我国大学里的网球运动不是为了培养高水平运动员而开展的。我国大学生体育协会网球分会主席汪敏表示："满足学生的需求，全面提高学生的身体素质，才是开展网球运动的目的，这也是还体育的本来面目——从群众喜闻乐见，到广泛开展；先积累广泛的群众基础，再从中挑选出高水平运动员进入国家队，参加国际比赛。"

（四）举办越来越多高级别的国际赛事带来了大量的交流和学习机会

ATP在我国的赛事包括上海网球大师赛（网球大师赛是仅次于四大满贯赛的网球赛事），改革后的网球大师系列赛共9站，分别是印第安维尔斯、迈阿密、蒙特卡洛、罗马、马德里、加拿大（单数年在蒙特利尔，双数年在多伦多）、辛辛那提、上海、巴黎。中国网球公开赛（2009年，中国网球公开赛经过调整之后，男子赛事为仅次于四大满贯赛和9站"1 000分赛事"的10站"500分赛事"之一；女子赛事则为仅次于四大满贯赛的4个皇冠明珠赛之一，即皇冠明珠赛A9赛事）在整体级别上仅次于四大满贯赛，与印第安维尔斯网球大师赛、迈阿密网球大师赛和马德里网球大师赛并称"四大超级赛事"。WTA在我国的赛事包括中国网球公开赛和广州国际女子网球公开赛。广州国际女子网球公开赛是一项由WTA在广州举行的室外硬地网球巡回赛事，该项赛事为WTA三级赛，从2004年起每年举办1次，总奖金为22.5万美元。参赛选手根据比赛成绩计算积分，累积到女子网球联合会的排名系统。ATP在我国的赛事从无到有、从低级别到高级别，一步一步地走来不仅证明了我国网球运动的蓬勃发展，还为我国选手带来了大量的参加高级别比赛的机会。由于我国选手世界排名低而不能参加更高水平的网球赛事，中国网球公开赛等赛事升级使得更多的我国网球运动员有机会持外卡参加这些顶级赛事，与更高水平职业球员进行交流。通过举办这些顶级赛事，我国可以学习和借鉴国外成熟的赛事运作方式，提高举办国际赛事的水平和能力，可以更好地促进我国竞技网球职业化发展进程；同时也使我国裁判员、技术人员等方面的人才更好地与国际接轨。赛事的升级也吸引来更多高水平参赛球员，进而扩大了职业网球在我国的影响力和知名度，让更多的家庭认识到它的魅力，从而缔造一大批潜在的网球运动群体。通过举办世界级高水平的网球比赛，可使我国网球文化氛围越来越浓，对竞技网球的职业化发展非常有利。我国竞技网球的职业化发展要充分利用这一发展平台与国际职业网球接轨。

四、发展模式的挑战“T”（threats）

（一）中国特色竞技网球职业化发展模式需建立完善的管理体系，尽快完成职业化的转型

随着我国经济社会的不断发展，人们的价值观、利益格局呈现出多元化的特点，矛盾错综复杂。在这样的大背景下，我国网球职业化进程不断深入，市场化、商业化趋势越发明显，投资主体和利益主体也呈现出多元化的特点，这样就形成了不同的利益矛盾，原有管理方式的有效性正逐步弱化，原有的管理方式对市场机制作用下进行的经济行为产生的影响和发挥的效能也受到了严峻的挑战。

国家主体投资培养的运动员人力资本的产权由运动员与投资方共有，原有管理方式只能在一定范围内发挥效力，但在经济利益的协调和处理方面，则不能达到预期的管理效果。

因此，对于非国家主体投入的运动员而言，其与管理部门不应是行政隶属关系，而是利益主体之间的法律关系。运动员作为人力资本产权的所有者之一，在经济利益方面与管理部门也应是利益主体之间的法律关系。新型管理模式应充分体现行政手段、市场手段和法律手段的有机结合，以及政策办法与契约管理的有机结合。

对于完全市场化的职业运动员，对他们的管理可通过市场手段，以契约的方式实现有效管理。同时，根据职业运动员需要克服高伤病等风险和对保障资源的需求，通过有效配置，为他们降低风险，从而架起一座管理部门与他们之间的桥梁；对于国家完全投资培养的运动员，在采用原有管理手段的同时，对涉及经济利益的问题，将相关政策和办法通过协议的方式，明确管理部门与运动员之间的利益关系，用法律的手段实施有效管理。

（二）旧的发展模式对中国特色竞技网球职业化发展模式产生阻碍

新事物的成长不是一帆风顺的，而是一个曲折的过程。它刚刚产生时往往比较幼小和不够完善，其优越性的发挥需要一个过程，它在量上的扩张和质上的提高只能在这个过程中逐步实现。新事物在成长过程中，由于旧事物的影响会遇到艰难曲折。发展模式的变革实际上意味着利益分配的重新调整，每当触及利益既得者的利益时，必然会受到其不同程度的阻碍，中国特色竞技网球职业化发展模式的利益分配受益最大的应该是运动员本人，而旧的发展模式的受益者是国家，在这一变革的过程中个人利益与国家利益之间出现矛盾，这是阻碍中国特色竞技网球职业化发展模式的因素之一。此外，管理方式的转变，在体制内的运动员接受的是“家长式”的管理，而走向职业化的运动员凸显出了自我张扬的个性。国家对走向职业化的运动员的管理有些惯性思维，在管理方式和管理思想方面还有些保守，这样就容易造成管理上的矛盾与冲突。

第六章 中国特色竞技网球职业化发展模式理论体系构建

一、发展的本质

我国竞技网球在职业化过程中取得了巨大发展，探索出一些具有中国特色的职业网球发展经验，并表现出与国际职业网球发展趋同的国际性、个体性、人文性等特征，在国际职业网坛中迈出了重要的一步。但这并不能表明我国的竞技网球职业化已经真正走向正轨，我国与欧美等网球强国相比仍存在较大差距。现行的网球人才培养模式、训练水平、后备人才储备、教练员队伍建设等都是我国竞技网球职业化道路走向高水平、与国际接轨的难题与挑战。因此，认清国际、国内形势与现状，积极改革、探索、创新，走具有中国特色的高水平职业化道路，我国的竞技网球职业化道路才会越走越好，我国的竞技网球事业才能取得长足稳定的发展，取得足够优异的成绩。

事实证明，坚持举国体制与职业化相结合的道路，实现举国体制与职业化之间的协调发展，培养出世界一流的男女运动员，提高我国网球职业化运动员的竞技能力和水平，取得良好的世界排名和奥运成绩，使我国竞技网球逐步走向市场化、商业化、国际化，是中国特色竞技网球职业化发展的本质。我国一贯奉行的举国体制在我国体育事业历史上发挥了不可或缺的作用，是我国体育持续高速发展的支柱和灵魂。我国网球的职业化道路具有中国特色，所谓“中国特色”，很大程度上是指举国体制。

我国与西方的网球训练模式不一样，西方是以个人家庭投入为起点，以获得商业赞助和比赛奖金为出路。我国则是以国家投入为主，国家出资培养运动员，当运动员竞技水平和经济水平达到一定高度则可以“单飞”的形式走职业化道路。可以说中国特色竞技网球的道路是举国体制的延伸和深化。没有举国体制优势的保证，我国网球不可能取得如此优异的成绩。因此，在网球事业中应该继续发挥举国体制的优势，同时应结合职业体育的运行规律进行网球职业制度创新，在政府的主导下，以市场为依托，建立以球迷为中心的职业联赛网络，充分发挥网球举国体制的社会效益和经济效益，并进一步完善“奥运争光”和“为国争光”等重要举措，实现我国网球事业的全面提升。

二、发展目标

网球是一个国际化、商业化和个体化都很强的运动项目。早在2003年初中国网球协会就确立了“必须坚持走职业化的道路”的指导思想，同时在经费有限的情况下，制定了“以女子网球为重点，以女子双打为突破口”的战略方针，打开了在坚持举国体制下的国家队集训方式下开始走上职业化道路的新篇章。我国女子网球自职业化改革以来，改变了过去“以练为主，辅以比赛”的模式，争取参加更多的WTA赛事，在参加国际比赛的同时提高大赛经验，在成绩不断提高的基础上获得了积分，提高了国际排名，从而有机会参加更多高级别的比赛，获得更多的积分和奖金。

让专业队向职业队转变，走职业化的道路，实现我国竞技网球各个方面的完全职业化发展，是中国特色竞技网球职业化发展的目标，也是实现我国网球运动员快速成才和竞技水平快速提高的途径。

首先，走竞技体育职业化发展道路已经成为新形势下我国竞技体育改革与发展的敏感性、方向性问题。2008年北京奥运会后，胡锦涛提出我国由体育大国向体育强国迈进的目标，这一目标是实现中华民族伟大复兴的历史任务，同时又是对我国体育事业在今后一段时期内贯彻落实科学发展观、面向未来发展目标的科学定位。

其次，竞技体育走职业化发展道路是新时期积极探索有中国特色竞技体育发展道路的重要组成部分。竞技网球作为职业化程度较高的项目在我国近年来发展迅速，而且在职业化实践方面积累了一些宝贵经验，但与西方较为成熟的网球职业化发展道路之间仍存在较大差距。因此，目前寻找一条既能适合我国国情，又顺应世界竞技网球职业化发展的道路已经成为我国竞技网球运动可持续发展亟待解决的突出问题。

最后，实现中国特色竞技网球职业化发展目标，不仅能完善中国特色竞技体育发展道路的内容体系，而且能极大地丰富网球运动理论体系。探索出我国竞技网球职业化特征及存在的主要问题，同时研究出有中国特色的竞技网球职业化道路，能为我国各项竞技体育向职业化道路发展提供理论支撑；同时，还将为国家竞技体育项目走职业化发展道路的战略决策和政策制定提供科学依据，有力地推动我国部分竞技体育项目的职业化发展进程，促进我国竞技体育项目管理实践的科学化。

（一）保障高水平竞技人才培养，提供人力资源保障

中国特色竞技网球职业化发展模式是举国体制保障下的职业化双轨制发展模式，在计划经济条件下，我国网球运动员的训练体制是各级体育行政部门管理下的三级训练系统。从层次结构上它划分为高级、中级和初级。这种训练管理体制是一个基础大、上面尖、层层衔接、呈宝塔状的结构。从性质上它分为专业（或职业）的优秀运动队和业余训练体系，前者包括国家集训队，省、直辖市、自治区级（包括解放军、各行业）运动队两个层次，后者包括我国三级训练网中的中级、初级两级训练形式，构筑起了以举国体制为特征的网球三级训练模式。在人才梯队建设上，国家和各省、直辖市、自治区初步形成了代表队、青年队、少年队和少儿队的体制。这就为竞技网球人才的选材、育才、参赛、医疗、科研等诸多方面提供了充分的保障，使我国的竞技网球人才能够不断涌现，保障了高水平运动员的数量和质量，为实现“奥运争光”“为国争光”提供了人力资源保障。

（二）实现我国竞技网球由专业化向职业化转变

网球运动是世界上职业化、商业化和个体化程度最高的运动项目之一，其独特而成熟的赛制，是其他运动项目所不能比的。一般球类项目，最高水平基本集

中在三大赛（世锦赛、世界杯和奥运会）中，而网球项目则集中在国际网球联合会（IFT）、国际女子职业网球协会（WTA）、国际男子职业网球协会（ATP）组织的一系列的公开赛、系列（巡回）赛中。职业网球协会主要为职业运动员提供比赛的机会和条件，组织管理运动员的参赛资格、积分、排名、奖金分配以及制定比赛规则等。在我国计划体制下，运动员虽然在训练、医疗、科研等方面得到了良好的保障，但在参加网球职业赛事方面，却因运动员自身水平限制和经费不足而得不到良好的保证，比赛打得少，积分就少，这样就没有资格参加高水平的比赛，也就失去了与高水平运动员交流的机会，只能一直在低水平的比赛中不断“挣扎”，停滞不前，进入网球发展的恶性循环。

实现我国竞技网球人才由专业化向职业化转变，能够保障运动员不受行政手段和管理制度制约，大胆做自己想做的事情，自己对自己负责。现在，从发展阶段来看，我国竞技网球目前仍处于“专业化”向职业化爬坡阶段中最为陡峭的部分，有诸多矛盾需要解决，诸多关系需要理顺，诸多难点需要攻克，诸多细节需要完善。如果我们本阶段的工作做得扎实有效，正确地把握网球职业化的前进方向，切实有效地改进竞技网球训练和管理中的薄弱环节，采取有力的突破措施，我们有理由相信这股良好的势头还将继续发展下去，我国竞技网球定会实现新的历史性突破。

（三）提高我国竞技网球整体实力和水平

走具有中国特色的竞技网球职业化发展模式，显然其最核心目的，也是最根本目的，就是提高我国竞技网球人才的整体实力和竞技水平。可以说，我国竞技网球水平的提高，归根结底还是要实现运动员竞技水平的提高，运动员只有竞技水平提高，才能实现其他方面的发展和突破，才能在比赛中有良好的表现，取得靠前的世界排名，获得优异的奥运成绩，实现我国国家奥运战略，为国家争得荣誉。具体说来，就是要使我国网球通过职业化改革尽快地冲出亚洲，走向世界，在以奥运会为最高层次的国际竞技体育大赛中取得优异的运动成绩。

三、理论体系的重点

（一）形成职业化的竞技体育思想理念与决策、管理体系

职业化的理念中既包括了对竞技体育、职业化规律的总体认识，也涵盖了对专项规律的理解、对训练原则的把握等操作观念。竞技网球职业化的理念包括职业化的训练思想、职业化的训练操作理念、职业化的教练员一体化队伍建设理念、职业化的网球市场运作理念和职业化的培养管理理念等。只有理念正确，实施竞技网球职业发展的道路才能走得好。培养职业化思想理念，简言之就是对职业化运作模式有一个全面的认识，对专项理论有正确的理解、对训练原则有理性的把握。因此，理念的正确与否对职业化的发展过程有至关重要的作用。中国特色竞技网球运动的职业化推进过程，是一个毫无经验借鉴的艰难的探索创新过程。我们必须不断加大对职业化规律认识的广度和深度，坚持走认识—实践—再认识的循环推进模式，同时不断研究不同水平、不同阶段运动员的训练比赛规律；解放思想，冲破一切陈旧观念和主观偏见的束缚，用更加开放的思维，勇于创新，勇于实践，使我国竞技体育在探索中前进，在实践中发展。

要形成职业化的训练观念，首先要加强对专项化制胜规律的探索，这有助于我们认识和把握运动项目的本质，对树立正确的训练指导思想，控制训练的正确方向，设计紧扣项目竞技核心要素的训练方法和手段，以及科学地安排运动负荷都具有十分重要的作用。孙晋芳总结了在训练学基础上实现职业化训练必须贯彻的五个转变：①在全年赛练安排上，实现由“传统的全年大周期”训练向“全年多周期”训练模式的转变，提高训练效率，有效提高竞技能力；②在赛间关系的处理上，实现由传统的“以赛代练”或“以训代赛”向“练中有赛，赛中有练，以赛促练，赛练结合，练有成效，赛有质量”的转变，有助于运动员全面并综合地提高专项比赛所需的体、技、战、心、智各种竞技能力；③在训练的组织形式上，实现由“集体训练”向“个性化、针对化”训练模式的转变，充分考虑运动员的个人特点，区别对待，使运动训练过程的组织更有针对性；④在训练课的操作中，实现由“重数量、重时间、低强度”向“高标准、短时间、大强度”训练

课模式的转变，大大提高运动训练活动的可控性，明显改进训练效果；⑤在训练内容的整体把握上，实现由“重技术、轻体能”向“技战术与专项体能发展并重，专项能力的发展与伤病预防、康复训练、有效恢复互为促进”多位一体的训练模式的转变，充分认识体能训练的基础地位和合理安排训练恢复的重要性。

思想决定行为，行为决定习惯。只有树立了职业化的思想理念，才能围绕职业化，制定相应的决策和发展战略，遵从相应的管理原则，从而深刻地认识和把握职业化的整体趋势和网球项目的制胜规律。我国对运动员的监控和管理制度相对不完善，在建设专业网球教练员队伍时没有真正做到两手抓，即一手抓提高，提倡鼓励各级教练员积极参加业务培训，加快知识更新，提高训练层次；一手抓管理，进一步完善和改进各项管理制度，优化激励机制，形成优胜劣汰的良性竞争机制。同时，我国聘请外籍教练员数量不多，层次不高，一些训练方法的更新速度跟不上世界优秀选手的步伐，引进管理和训练的理念不足，从训练到比赛难以与国际接轨。

（二）提高教练员队伍执教水平和综合素质，形成职业化的网球训练理论和训练模式

职业化的网球训练是个人的、具体的，是个性化、针对性的训练，它要求以运动员的个体水平、身体机能状况、打法特点、排名、伤病等因素作为训练方案的主要依据，即运动员既是训练计划实施的主体，也是训练计划制订的主体。教练员应通过对组织实施过程的把握、方法手段的采用、强度负荷的掌控、技术结构的完善与调整等，努力做到因人而异，始终把握好质量和效果这两个根本的落脚点。同时，在个性化训练计划的制订实施中，运动员必须紧扣技战术的小细节，抓住看似小问题却是关乎比赛成功失败的关键因素。

职业化的训练不是要求所有的运动员要练得很苦，练的时间很长，而是通过掌握项目的制胜规律和传授技巧，使运动员从思维开始转变，训练项目紧扣竞技网球制胜的核心要素，科学安排运动负荷。同时，运动员对自己相对薄弱的环节，要进行有针对性和个性化的优先训练，以弥补自己在技术、战术、心理等各个方面存在的不足。在训练过程中，要抓住重点，对训练过程进行科学设计和严密监控，对训练结果进行科学检验，还要针对职业网球个体化的特点，改革传统的训

练组织形式，在对优秀运动员的培养上采取“一带一”“一带二”的训练组织形式，以收到事半功倍的训练效果。

职业化运动员对于教练员的水平要求相对较高、较全面，职业化的教练员队伍应该具有先进的训练理念、科学的训练方法体系、高度的责任感和敬业精神、不断学习和创新的自我提升意识等。在国外，教练员对运动员的训练要求健康、合理、科学，要促使运动员具有高超完美的技巧、充沛的体能、顽强的意志和完善的团队意识。职业化的训练所要求的是“收获最大化”的训练计划，职业化的教练员队伍应该具有敏锐的洞察力、丰富的教学经验和教学方法、渊博的知识和强烈的责任感，使自己和运动员成为一个融洽的整体，这样才能收到良好的训练效果，使运动员达到最好的竞技状态。

职业一体化教练员团队不仅包括教练员团队，还应包括体育科研团队、运动营养团队、运动康复医疗团队等。职业一体化教练员团队是所有服务运动员训练比赛人员的总称。如何才能建立职业一体化教练员团队？首先，改变以往教练员经验主义理念，深刻认识到组建职业一体化教练员团队是我国竞技网球职业化必经之路。其次，组建职业一体化教练员团队，要改变我国竞技网球运动之前遵循教练员中心论，一切训练、比赛围绕教练员的经验。中国特色竞技网球职业化要发展，必须补充训练的科学指导、营养的合理配备、运动疲劳的有效恢复、伤病的运动康复等团队。最后，职业一体化教练员团队要求教练员科学安排训练的方式方法，摒弃之前训练内容多、时间长、节奏慢、强度小、过程平淡的训练方法，全面实施“重质量、短时间、高强度”的科学训练模式。同时，定期输送教练员到欧洲网球发达国家等学习深造，提高教练员的文化水平，培养教练员勇于创新的精神以及解决实际问题的能力。

教练员是运动员训练和比赛的指导者和监督者，甚至是管理者，其角色定位非常重要。我国应加强教练员与国外网球界的交流与学习，加大对教练员的培养、选拔和教育力度，努力提高教练员的学历和文化素质，提高教练员的英语水平和科研水平，使我国教练员的执教水平和能力得到有效提高。可定期举办国外优秀相关专家的讲座，使我国教练员与国外优秀教练员进行交流学习，通过引进高学历、高水平、高职称的教练员，打造高水准的教练员队伍，从而使运动员的训练更加科学合理和高效率，实现我国竞技网球的实质性提高。

（三）借鉴中国女网经验，提高我国男子网球水平

目前我国女子网球在国际赛场上不断实现突破，人们开始把期待转向了男网。只有男、女网水平同步发展，才是健康、全面的发展，才真正标志着我国网球整体水平的提高。李娜、郑洁、彭帅等多朵中国金花活跃在国际职业网坛上，中国金花走过几年的职业化之后，她们的运动成绩和世界排名得到了显著的提升。李娜在 2011 年的法网夺冠后，世界排名也随之达到第 4 位。另一朵金花郑洁的最高世界排名曾达到过第 15 位，并曾在 2008 年的温网和 2010 年的澳网进入女子单打 4 强。我国男子网球运动员的 ATP 排名则不尽如人意。我国网球职业化进程还面临着“一条腿走路”的尴尬境地。中国女网的成功不仅是女网姑娘们的不懈努力，还有国家体育总局网球运动管理中心资金和政策的大力支持，如聘请国外高水平教练员，引进先进的训练方法等。在中国女网发展逐渐步入正轨之时，人们认识到中国男网应认真汲取中国女网的成功经验，在遵循职业网球赛规律的前提下，踏踏实实一步一个脚印地进行改革。只有男子网球与女子网球水平与成绩同步提高，才能实现我国网球水平的整体提高和突破。

（四）完善职业化的网球市场运作

职业化对市场经济有积极效应。现如今职业网球的商业化、市场化程度越来越高。职业化提高了竞技体育的商业化价值，能有效地推动体育表演和广告行业等的发展。职业化使竞技体育作为一种可供观赏的商品，以其特殊的价值来满足广大人民群众精神享受的强烈需求。竞技文化的本质是文化的而不是经济的，因此它的自身整体形象很难扮成一个生产部门，但高水平竞技可以带动许多相关产业。这样，职业化就能使体育有效地融入市场经济的大循环，因此，职业化有利于我国的市场经济建设。尽管我们的职业化时间很短，但是在从无到有的过程中，我们对在市场经济下的市场培育和赛事运作有了更加深入的接触和了解，为我们以后的发展提供了经验。

职业体育的存在与发展是以市场为前提的，没有市场就没有经营，没有经营市场就无法运作。首先，我国网球职业化求发展，必须拓展网球市场和资金来源，只有良好的政策、竞赛制度和好的运动成绩是不够的，还要善于包装和管理，进

一步开发网球市场，拓展资金来源渠道，为职业化提供充足的资金保证。其次，经营管理人才也必不可少，我国应积极培养和引进掌握市场营销、企业管理等相关知识、懂网球的人才，建立长期、系统的营销策略，以适应网球职业化市场经济发展的需要，并刺激和促进网球运动开展较差的地区和某些市场的发展。同时，加强与电视、新闻媒体的沟通，处理好公共关系，帮助网球运动员树立良好的公众形象，多方位、多渠道挖掘网球市场。

网球职业化的市场运作以经营者的商业化、运动员的商品化作为存在和发展的前提，以营利为目的。其最基本的特征是职业化运动员要在市场上找饭吃，要通过不断地参加比赛以获得高额的比赛奖金和好的比赛名次，争取更多的商业赞助，要多渠道地募集资金，以满足自己聘请教练员、参加比赛、租用运动场地等高额的费用。在国外，运动员都是自己花钱成长起来的，其收入理所当然完全归自己所有。在我国，运动员都是由国家出资培养出来的，其收入便应该由国家和个人共同分享。网球运动员的培养就像是风险投资，运动员如果能够打出好的成绩，获得好的比赛名次，取得高额的比赛奖金，便也能获得更多的赞助费、广告费等，因此，应积极完善职业化的网球市场运作，使我国职业网球尽快实现商业化、市场化、国际化。

四、发展体制

按照国际职业网球运动员的培养规律，国外竞技网球职业运动员普遍采用的是家庭培养模式，即其从小到大，从投入到产出都是家庭行为，如大家所熟悉的张德培、威廉姆斯姐妹、斯里查潘等；还有一部分职业网球运动员选择的是经纪人培养模式，即某经纪人或公司，在经营的过程中发现了某苗子将来可能成大器，便如买期货似的与其签下合约，运动员“成器”之前所有的费用由经纪人或经纪公司负担，但“成器”之后则双方共享奖金和广告等收入；其他还有少部分职业运动员走的是企业或俱乐部投资或国际网球组织推广和发展战略投资的培养模式。在我国由于受国情、项目特点等综合条件制约，现行条件下，完全僵化地照搬西方网球职业运动员培养模式，并不能满足我国网球事业的国家需求和民众期待。因此，我国运动员的培养是在举国体制下进行的，即运动员从选材、训练到比赛出成绩都是在国家的统一管理下完成的。就竞技网球职业化发展规律而言，在培养体制上和模式上，我国的运动员培养体制与国际上职业网球选手的培养体制存在着较大的差异。

在一个举国体制培养竞技人才的体育大国里，我国长期以来实行体校、地方队和国家队的“三级体制”，在专项中培养出大量的竞技人才。网球项目不同于其他项目，它不仅是一项“花大钱”的运动，而且是一项“赚大钱”的运动，运动员每赢得某一级别的比赛就会有相对数额的奖金。国外的运动员都是自己家庭或企业出资培养出来的，运动员所获奖金尽收自己囊中，无可厚非。但在我国，运动员都是由国家出资培养出来的，因此，其参赛所取得的奖金也应该拿出一部分回报国家，国家将其作为资金继续培养后备人才。在现代经济社会，伴随着人们生存压力的提高和价值观的改变，运动员难免会对这种奖金分配制度产生一定的不平衡心理，甚至是严重的矛盾，因此，运动员个人利益和国家利益之间存在着微妙的关系，应当找到合适的解决办法。

我国网球项目的最高领导和管理机构是国家体育总局网球运动管理中心，它不仅是管理者，也是自治机构，权利和义务集中，作为一个多面组合体，它应该为更多的社会团体和个人提供数量更多、质量更优的网球商品；在对运动员做好管理工作，提供更多支持帮助、更优的设施和指导服务等的同时，也要实现对人员的人性化、尊重化管理，切实促进我国网球实现职业化发展。举国体制为我国网球运动员的培养和发展提供了全面的支持和保障，我们应该让爱国主义的信念深深扎根于每一个运动员心中。网球项目不同于其他运动项目，它拥有着丰厚的参赛奖金，我国应在充分体现国家和集体利益的前提下，最大限度地保护和提高运动员、教练员的经济利益，激发他们训练和比赛的积极性；应逐步改革运动员的投入和回报机制，通过广筹资金，积极寻找商业赞助，资助优秀运动员参赛锻炼，完善和优化奖金的分配制度，积极寻找个人利益与国家利益的最佳结合点，最大限度地保障运动员的利益，从而使运动员在职业化道路上能够得到长远发展。

五、发展方针

（一）继续保障和发挥举国体制优势，拓宽人才培养途径

我国网球一直以专业性为主，网球人口少。作为网球运动大国的美国，经常参加网球竞技比赛的运动员有160万之多，德国、意大利和瑞典，其网球运动员都有5~10万人，我国目前网球运动员仅有0.37万人，后备人才的总量非常少。目前我国青少年参加网球比赛的水平不高，在ITF青少年排名前100统计中，美国、俄罗斯、英国、日本、中国的人数分别是23、15、7、7、1，与世界网球强国相比，我国青少年网球后备人才在培养质量上也存在一定差距。我国只有李娜等少数职业运动员的成绩突出，后继高水平人才存在断层现象。目前我国的后备运动员在能力和水平方面还不能对一线优秀运动员形成冲击，尚未形成可持续发展的人才链，人才断层现象十分严重，我国网球后备人才数量少，培养质量不高，制约了我国网球的职业化进程。

举国体制是我国竞技体育在国际竞争中取得成功的制胜法宝，是网球项目水平实现跨越式提高的基石。在新形势下，随着经济社会的不断发展，我们要在坚持和完善举国体制保障作用的同时，积极拓宽优秀人才的培养途径，积极向国外学习，实现网球人才培养模式的多样化和多元化。网球运动是一项特殊的项目，由特殊的人群组成，因此，应根据我国的国情，采取特殊的方式加速优秀运动员的成长、成熟，使之适应国际职业网球运动发展的趋势与技术发展的需要。事实证明，在我国，举国体制下培养网球人才的模式已经不能满足我国竞技网球事业发展的需要。因此，应该积极提倡和鼓励家庭培养和企业赞助等国外人才培养模式，努力拓宽资金来源，运用好社会企业等赞助资金和资源，通过培养经费投入机制的有益探索，提高运动员的自觉性和主观能动性，让专业队积极向职业队转变，实现人才培养的多样化和多元化。

在举国体制后备人才培养模式下，要做到以下几点：（1）不断完善“三级训练网”后备人才培养体系，向国家队输送更多的高水平网球运动员。利用政府的权威性和地区的普及性推动业余网球运动的发展，通过业余比赛筛选出高水平运

动员。同时借鉴俄罗斯成功经验，把运动员输送到欧洲竞技网球发达的国家进行训练，加强我国运动员与国际顶尖水平运动员的交流。（2）可以利用社会资源培养后备人才。政府资助或刺激企业独立投资网球俱乐部，开办网球学校、俱乐部等后备人才培养模式是一种新的竞技体育后备人才培养体系，俱乐部的开发和网球学校的开办将会成为中国特色竞技网球后备人才培养不可或缺的力量。（3）完善社会保障体系。吸引后备人才、体育人才的社会保障问题是影响竞技体育后备人才资源的一个重要因素，主要包括运动员的文化学习、社会保险、伤残保险、就业安置、社会福利和优抚等几个部分。只有不断完善社会保障体系，运动员才能安心地训练、比赛，家长才能解除对子女从事竞技运动的担心，从而吸引和培养更多的青少年从事竞技体育。（4）坚持“请进来，走出去”，增加国际交流。所谓竞技水平就是运动员所具有的竞技能力在竞赛中的发挥。因此，要提高运动员的竞技水平，一方面要加强训练以提高运动员的竞技能力，另一方面还需要培养运动员将竞技能力转化为竞技水平的能力。因此我们要坚持“请进来，走出去”，把我国具有天赋的运动员送到网球发达国家进行训练和比赛，同时要像足球那样，大胆地尝试引进外籍教练员或邀请外籍教练员来讲学。这样我国不仅可以学习国外的先进网球训练理念和方法，还可借助外籍教练员的影响与关系获得更多的国际交流机会。（5）要制订和启动我国培养网球后备力量的多年规划，后备人才的培养是竞技体育发展战略的重要问题，只有重视后备人才的梯队建设，我国竞技体育的发展才有后劲。

（二）保护市场环境，积极开拓市场，积极促进国内赛事升级发展

我国目前网球市场培育不够，赛事运作模式还不成熟。尽管我国网球运动市场潜力巨大，前景广阔，但现状却不容乐观。我国大部分网球赛事，观众席上除了教练员、队员及有关人士外，真正意义上的观众寥寥无几，广告自然也少得可怜，没有观众，说明没有群众基础，没有广告就没有丰厚的资金。中网自 2004 年以来到现在总共举办了 16 届，而四大网球公开赛的举办都在 100 年以上，在人文环境、赛事年代和赛事的沉淀积累方面都比中网有很大的优势。中网和上海网球大师赛的奖金额度相对来说比较低，在赛事营销推广宣传手段上比较单一，赛事时间安排不合理，硬件设施与国外顶级赛事也有很大的区别。

网球市场是一个拥有巨大潜力和广阔前景的市场，现在我国的网球市场不够成熟和完善，但走势却是良好的。因此，我国应在全国各地举办更多的国内网球赛事和国际网球排位赛，鼓励和吸引我国拥有雄厚实力的大型企业集团把网球作为展示其企业形象、扩大市场影响力的重要媒介之一，努力争取企业更多的赞助资金，而不是仅仅局限于提供实物、服务等。

由于我国选手世界排名低而不能参加更高水平的网球赛事，中国网球公开赛等赛事升级使得更多的我国网球运动员有机会持外卡参加这些顶级赛事，与更高水平职业球员进行交流。我国通过举办这些顶级赛事能够学习和借鉴国外成熟的赛事运作方式，提高举办国际赛事的水平和能力，可以更好地促进我国竞技网球职业化发展进程；同时也能促使我国裁判员、技术人员等方面的人才与国际接轨。赛事的升级能吸引更多高水平球员参赛，进而扩大职业网球在我国的影响力和知名度，让更多的家庭认识到它的魅力所在，从而缔造一大批潜在的网球运动群体。通过举办世界级高水平的比赛可使我国网球文化氛围越来越浓，对竞技网球的职业化发展非常有利。我国竞技网球的职业化发展要充分利用这一发展平台，与国际职业网球接轨。

（三）提高群众基础，营造浓厚的网球社会氛围

不可否认，群众基础薄弱是制约我国竞技网球职业化发展的物质因素之一。运动基础是项目发展的物质条件，是项目提升的重要因素，网球竞技运动的基础体现在大众网球的普及程度、竞技网球人才的储备和高层次网球运动员的数量等方面。大众体育的普及程度是一个运动项目竞技水平发展是否提高的基础。有研究表明，现阶段我国大众的网球人口是100万，仅占总人口的0.107%，而美国的网球人口大约有3 000万，约占全美总人口的1/10，其中仅儿童青少年就占接近一半的比例；德国有超过10万的14～18岁青少年到网球协会登记注册；瑞典青少年网球选手有5万余人，它们的网球人口比例都是非常高的。相比之下，我国网球队伍和网球人口比例则十分薄弱。这与我国网球运动起步较晚、群众对网球的认识较为肤浅、大众对体育运动文化的追求滞后以及我国国民经济水平不够发达等因素息息相关。另外，正是由于大众网球人口较少，没有形成良好的网球社会氛围，导致网球后备力量匮乏，而后备人才储备的数量和质量是竞技网球职业化发展至

关重要的因素。

网球是一项高雅的竞技运动，具有良好的健身功能，因此也吸引着越来越多的群众参与进来。但目前，我国的网球人口在总人口中所占的比例极小，网球基础设施建设落后，场地严重不足，而全国网球人口是后备人才的基础，打好地基是盖好楼房的关键。因此，只有不断扩大全国网球人口，才能源源不断地给专业队提供大批人才，才能使我国网球形成稳固的金字塔发展模型，如乒乓球一样做到长盛不衰。因此，我国应加大对网球基础设施建设的投入，增加网球场地的建设，鼓励越来越多的人参与网球运动，以造就良好的网球社会氛围，在群众中产生更多的竞技人才，从而实现我国竞技网球水平的全方面提升。此外，网球运动作为一种时尚的体育运动项目，越来越受到广大学生们的喜爱，全国各类高校不仅应设有网球运动场地，还应以不同形式开设网球运动课程，有条件的高校可以设有网球运动代表队。

（四）科学训练，重视科研，提高训练质量和效率

当今时代，没有完美的人，只有完美的团队。这一理念用到职业化团队运作中，就是要实现教练员个体化向教练员团队化形式的转变。这种转化实际上是训练职能结构的变化，是生产力要素和资源的合理配置，是生产关系适应生产力发展的需要，这种变化使竞技职业化体育的组织和管理日趋系统化。这些都是为了适应市场化需求而日益发展起来的。在这一过程中教练员团队更趋向于精细的分工协作，在主教练员的指导下助理教练员（科研教练员、体能教练员、专项教练员等）、队医、心理咨询专家、领队、翻译等以团队的形式协同合作，是一个系统、整体。但在国内市场化程度没有达到发达国家水平时，在体制内这一职业化教练员团队的一体化形式还没有明显地成形。

为提高运动训练的质量和效率，我国还应该重视科研工作，充分借助各种有利于运动水平发展提高的科研手段，包括生理学、生物化学、生物力学等学科解决技术问题，提高运动员掌握制胜绝招的能力，加强体育科研对网球运动的推动作用，增加科研覆盖面，进一步提高科研质量，推进科研、训练一体化步伐，加快体育科研成果开发和转化进程，使科研真正成为网球运动成绩提高的主要推动力。此外，还应特别重视技、战术创新，借鉴国外先进成功经验，加强与国外优

秀选手的交流、学习，遵循“积极进攻、快速多变、技术全面、突出特点”的训练指导思想，在充分发挥个人特点的基础上，努力提高训练质量和效率。

六、发展保障

举国体制是我国竞技网球职业化发展的最有力保障，我国的体育事业在较短的时间内取得了巨大成就，最重要的一条是体育体制使然，即一个强有力的举国体制。举国体制是我国体育发展的有力保障，是竞技体育发展模式的创新。50 多年来，我国的竞技体育事业取得辉煌业绩的最基本经验就是充分发挥了社会主义举国体制能够集中力量办大事的优势。一个国家的体育体制对该国体育的发展有着直接的、决定性的作用，它总是一定历史时期的政治体制、经济体制与体育发展内在规律相互作用的结果，不以人的主观意志为转移。就我国现阶段的国情，还不足以能以个人力量来培养出优秀的选手，更多的是全国上下一盘棋，集中力量好办事，所以今后很长一段时间里，我国网球要想立足于世界网坛，还必须最大限度地发挥举国体制的优势。我国女子网球近年取得的辉煌成绩有力地证明了竞技体育举国体制与我国竞技体育发展目标相适应，是我国竞技体育在国际竞赛中取得胜利的制胜法宝和最宝贵的经验之一 。

举国体制就是指以国家利益为最高目的，动员和调配全国有关的力量，包括精神意志和物质资源，攻克某一项世界尖端领域或国家级特别重大项目的工作体系和运行机制。在网球领域即以世界大赛的冠军（特别是奥运会）为最高目标，统一动员和调配全国有关的力量，包括精神意志和物质资源，来夺取比赛好成绩的工作体系和运行机制。我国网球运动员大多由国家出资训练培养出来，如通过体校、高等体育院校、体工大队，以及国家队等。在国际网坛，一名优秀的职业选手要想取得较好的世界排名，一年至少要保证参加 25 次左右的排名赛，这么算下来，一年的费用就将近 10 万美元，可以说，职业选手的职业道路都是由金钱铺垫出来的。我国运动员的幸运就在于给予他们强大资金支持的坚强后盾是国家。我国完善的竞技体育举国体制保障了运动员选材的广泛性、人员的选聘和调配(聘请教练员等)、资金、训练设施条件、医务康复、国内国际参赛费用等各个方面，这种体制显示了强大的优势，这些优势是非举国体制国家运动员所不能享受的。因此，在新的形势下，随着社会的发展进步，我们不仅要坚持举国体制，还要与时俱进，通过创新机制，不断丰富举国体制的内涵，完善举国体制。

七、发展方向

从我国网球的自身水平和所处的发展阶段来看，自2004年雅典奥运会至今，我国女子网球竞技水平和运动成绩实现了跨越式的提高，但从宏观层面来讲，还存在着社会需求、实力增长、改革步伐“三维系统”的发展不平衡。这主要表现为我国男女网球整体水平提高的幅度和速度与人民大众的期望还存在一定的差距，尤其是男子网球，我国竞技网球职业化体制机制的改革步伐还不能完全满足项目快速发展的需求。在我国，推进中国特色的竞技网球职业化过程，是一个探索创新的过程，就像“摸着石头过河”，既没有前人经验可借鉴，也没有范例可模仿，更没有现成的理论和方案可加以运用。我国的竞技网球职业化应在国家体育总局网球运动管理中心的统一领导和部署下，在实践和总结经验的循环往复中，努力解决每一个发展环节中出现的问题和困难。

（一）进一步明确我国竞技网球职业化改革的目标

明确我国网球职业化改革的主要目标，是在职业化进程中必须紧紧围绕和抓住不放的根本问题。我们应该将提高竞技运动水平和成绩、增强我国网球的国际竞争力作为我国网球职业化改革的主要目标。具体说来，就是要使我国网球通过职业化改革尽快地冲出亚洲，走向世界，在以奥运会为最高层次的国际竞技体育比赛中取得优异的运动成绩。在现阶段任何偏离这个主要目标的网球职业化改革都是很难被人们所接受的。作为一项职业化、产业化的竞技项目，它的竞技水平与经济效益密切相关，不能想象一个运动水平很低的职业竞技项目能在市场上取得较好的经济效益。网球职业化改革隐含的另一个目的，就是发挥高水平竞技网球的经济效益，发展网球市场和进行网球产业化经营，使网球项目在市场中获得自我生存和自我发展的能力。这也是国际职业网球的发展规律。

（二）优化网球运动的管理机制体制

我国网球项目的最高领导和管理机构是国家体育总局网球运动管理中心，它不仅是管理者，也是自治机构，权利和义务集中，作为一个多面组合体，它应该为更多的社会团体和个人提供数量更多、质量更优的网球商品。在对运动员做好管理工作，提供更多支持帮助、更优的设施和指导服务等的同时，也要实现对人员的人性化、尊重化管理，切实促进我国网球实现职业化发展。

同时，我国还应健全和完善与职业化相适应的协会管理机制。所谓“协会制”，是指以单项运动协会为主管理运动项目的一种体制。协会是世界上大多数国家管理体育运动的基本组织形式，是具有独立法人资格的自主的体育社团，在政府的支持下依靠章程规定的权力和职责范围，自主地组织管理各项运动训练和竞赛活动。可以断言，职业化是我国网球的必然选择，但我国网球职业化能否得到真正发展，能否走上市场，关键是我国网球项目系统组织机构能否真正加强自身发展，能否合理有效地优化网球项目的管理机制体制。

（三）改革与完善我国运动员的投入与回报机制

我国应依照职业网球的基本规律与要求，结合国情，争取有利政策，逐步改革运动员的投入与回报机制，在充分体现国家和集体利益的前提下，最大限度地提高和保护运动员、教练员的经济利益，激发他们训练及比赛的积极性。同时，国家体育总局网球运动管理中心要通过多种形式，让实现奥运目标在国家网球队里逐渐形成更多的精神内涵和文化气息。要强调国家培养意识，培养集体荣誉感，让爱国主义的信念永远扎根在运动员心里。国家体育总局网球运动管理中心应广泛筹集资金，积极寻找赞助商资助优秀运动员参赛锻炼，不断完善奖金分配制度，积极寻找个人利益与国家利益的最佳结合点，最大限度地调动运动员的积极性和主动性。

（四）积极拓宽人才培养途径，改革与完善竞技网球人才培养机制

目前，我国网球后备人才不足。职业化需要在后备人才培养上源源不断，形成可持续的发展机制，以保持高水平的国际竞争态势。我国无论是网球人口比例，

还是网球专业竞技队伍数量，都十分薄弱。目前我国的后备运动员在能力和水平方面尚不能对国家一线优秀运动员形成冲击，与当前的俄罗斯等强国相比，尚未形成高水平的竞争态势，后备人才接续不上的矛盾依然十分突出。面对职业化、市场化的挑战，后备力量严重缺乏这一现状已是制约我国竞技网球可持续发展的一道难题，自然也会影响我国竞技网球职业化的进程。

人才是网球发展的主导因素之一。后备人才的培养是保证我国网球竞技水平持续发展的战略性问题。若要实现网球运动的可持续发展，就要从根本上对培养目标进行调整，变培养专业运动员的旧观念为培养职业运动员的新观念。运动员的培养方式应由原来的完全依赖国家包办培养转变为依托国家、社会组织、企业、家庭等多方面的培养，实现运动员培养方式的多元化和多样化，拓宽人才培养方式和途径，改革和完善竞技网球人才培养机制。

（五）积极开拓市场，优化赛事经营

在欧美等网球发达国家，网球学校和俱乐部是培养职业网球运动员的重要途径，由于在欧美网球发达国家网球商业化和市场化程度极高，运动员在前期训练方面的费用都由企业赞助，后期球员成才为企业带来商业利益，进入一个良性循环。我国一些网球学校的倒闭证明我国网球商业化和市场化制度还有待完善。我国网球职业化步伐仅仅局限于比以前参加或举办更多的国际网球排位赛，而市场开发仍然停留在计划经济的框架之下。我国相比国际，在赛事运作方面差距很大，国际上网球赛事的举办没有政府的参与，然而在我国恰恰相反，我国的网球赛中主要由政府主办、网球行政部门承办和网球协会运营，企业参与的机会不多，并且网球赛事运作过程中几乎是赔钱的。在国外，许多跨国企业把网球作为展示其企业形象、扩大企业影响力的重要媒介之一，通过对市场的大力开发，为职业网球的高额奖金及比赛更好地举办提供了物质保障。我国现行体制侧重于全民健身和奥运争光，不太适应网球市场的快速发展。

网球市场是一个拥有巨大潜力和广阔前景的市场，现在我国的网球市场不够成熟和完善，但走势却是良好的。因此，我国应在全国各地举办更多的国内网球赛事和国际网球排位赛，鼓励和吸引我国拥有雄厚实力的大型企业集团把网球作为展示其企业形象、扩大市场影响力的重要媒介之一，努力争取企业更多的赞助

资金，而不是仅仅局限于提供实物、服务等。

现如今，我国有越来越多的群众把网球作为自己锻炼身体的体育项目，加上我国女网运动员的突出表现，使我国的网球社会氛围越来越浓，因此，会有更多的人参与网球运动，网球市场也会越来越大，如衣服、鞋帽、球拍等产品的销售量都会大增，因此，应努力使我国举行的各项赛事模式越来越成熟，运作越来越完善，拥有更加广阔的市场。

第七章 结论与建议

一、主要结论

第一，中国特色竞技网球职业化发展模式为举国体制与职业化相结合的双轨制发展模式，即在举国体制下培养运动员，而在完全职业化的国际赛制中参赛、赢积分、抢排位、出成绩的双轨制发展模式。

第二，中国特色竞技网球职业化发展的本质是充分发挥网球举国体制的社会效益和经济效益，实现我国网球事业的全面提升，从而为我国竞技网球走向完全与国际接轨的职业化发展道路的转变完成完美过渡。

第三，中国特色竞技网球职业化发展的目标是实现我国竞技网球由专业化向职业化转变，提高我国竞技网球整体实力和水平。

第四，本研究进一步明确了我国竞技网球职业化改革的目标。明确我国网球职业化改革的主要目标，是在职业化进程中必须紧紧围绕和抓住不放的根本问题。我们应该将提高竞技运动水平和成绩、增强我国网球的国际竞争力作为我国网球职业化改革的主要目标。具体说来，就是要使我国网球通过职业化改革尽快地冲出亚洲，走向世界，在以奥运会为最高层次的国际竞技体育比赛中取得优异的运动成绩。

第五，优化网球运动的管理机制体制，在对运动员做好管理工作，提供更多支持帮助、更优的设施和指导服务等的同时，也要实现对人员的人性化、尊重化管理，切实促进我国网球实现职业化发展。同时，还应健全和完善与职业化相适应的协会管理机制。

第六，改革、完善我国运动员的投入与回报机制。依照职业网球基本规律与要求，结合国情，争取有利政策，逐步改革运动员的投入与回报机制，在充分体现国家和集体利益的前提下，最大限度地提高和保护运动员、教练员的经济利益，激发他们训练及比赛的积极性。

第七，积极拓宽人才培养途径，改革与完善竞技网球人才培养机制。目前我国网球后备人才接济不上的矛盾依然十分突出，面对职业化、市场化的挑战，后备力量严重缺乏这一现状已是制约我国竞技网球可持续发展的一道难题，自然也会影响我国竞技网球职业化的进程。

第八，积极开拓市场，优化赛事经营。网球市场是一个拥有巨大潜力和广阔前景的市场，现在我国的网球市场不够成熟和完善，但走势却是良好的。因此，我国应在全国各地举办更多的国内网球赛事和国际网球排位赛，鼓励和吸引我国拥有雄厚实力的大型企业集团把网球作为展示其企业形象、扩大市场影响力的重要媒介之一，努力争取企业更多的赞助资金，而不是仅仅局限于提供实物、服务等。

二、后续研究建议

第一，网球职业化发展虽然不是一个较新、较大的命题，但是，如何发现适合我国职业网球发展的模式却是一项具有挑战性的研究工作，尽管本书在相应的章节中论述时，对目前我国职业网球进行了较为系统的梳理与归纳，但是对我国竞技网球走职业化的发展模式的把握依旧不够深入与透彻，还需要后续更为系统而深入的持续研究。

第二，本书从发展模式上提出了双轨制发展模式，对发展模式的理论体系进行了构建。关于这方面的研究，笔者强烈地感觉到还有很大可研究与可挖掘的空间，可以结合理论体系，对我国网球职业化发展路径进行研究。

第三，本书在研究过程中，喜逢党的十九大的召开，十九大提出了“广泛开展全民健身活动，加快推进体育强国建设”，坚持“创新、协调、绿色、开放、共享”的发展理念，以及群众体育、竞技体育、体育产业不均衡发展等问题，这些都为本研究提供了诸多思想。竞技网球走职业化发展道路正是我国向体育强国迈进的重要组成部分之一，如何结合新时代发展理念为我国职业网球指明方向与道路是后续研究亟待解决的问题。

参考文献

[1]周军,张倞倞,周岳峰．论我国网球职业化“单飞”之路:两朵“单飞”金花同时闯入澳网四强的思考[J]．军事体育进修学院学报,2011(1):61－64.

[2]杨强．我国青少年网球职业化发展思考[J]．体育文化导刊,2012(3):68－70.

[3]姜富生,刘亚,刘青．论当前我国网球职业化发展的政策与舆论导向[J]．沈阳体育学院学报,2012(4):97－100

[4]魏源,谢晓云．我国网球职业化进程中存在的问题及对策研究[J]．山西师大体育学院学报,200(S1):26－28.

[5]刘青,田园．论中国网球职业化进程[J]．北京体育大学学报,2007,30(6):831－833.

[6]杨麟,赵赟．路径依赖理论视角下的中国女子网球职业化改革[J]．北京体育大学学报,2012,35(5):42－45.

[7]刘青,田园．中国网球融入国际职业网球的障碍与途径[J]．北京体育大学学报,2006,29(11):1557－1559,1583.

[8]孙晋芳．论中国特色职业网球的探索与创新[J]．南京体育学院学报:社会科学版,2011,25(3):7－9.

[9]潘迎旭,钟秉枢．我国竞技体育后备人才培养可持续发展理论分析[J]．首都体育学院学报,2004(12):24－25,41.

[10]杨重甫,周建梅．后奥运时代我国竞技体育人才培养模式的探讨[A]．中华人民共和国第十一届运动会科学大会论文摘要汇编[C]．2009.

[11]王向宏,李野鹏．我国竞技体育后备人才培养的发展方向[J]．首都体育学院学报,2011(5):402－404.

[12] 陶志翔,胡亚斌,赵源伟,杨丹．中国竞技网球运动现状及其发展对策的研究[J]．北京体育大学学报,2005(6):830－833.

[13]王建,孙正. 中外网球后备人才培养模式比较与分析:对中国网球运动可持续发展带来的启示[J]. 南京体育学院学报:自然科学版,2012(1):74-77.

[14]陈一曦. 举国体制下的职业化——我国女子高水平网球运动员培养体制分析[J]. 湖北体育科技,2008(7):379-380.

[15]张德智. 我国女子青少年网球后备人才培养现状的调查研究[J]. 体育科技文献通报,2011(9):7-9.

[16]朱征宇,谭冬平,陈祺. 中国竞技网球发展面临瓶颈问题的研究[J]. 广州体育学院学报,2006(5):1-4.

[17]刘青. 论我国网球运动员的培养模式及融入国际职业网球的途径[J]. 成都体育学院学报,2006(5):53-56,67.

[18]高海霞. 中国网球职业化改革面临的路径依赖及其对策研究[D]. 北京:北京体育大学,2010.

[19]孙晋芳. 中国竞技网球发展的战略思考[J]. 北京体育大学学报,2010,33(5):1-4.

[20]陈卫华,宋晓宇. 中国网球职业化现状与对策分析[J]. 唐山师范学院学报,2010,32(2):100-102.

[21]刘青. 我国网球女双系统分析与策略[M]. 成都:电子科技大学出版社,2006.

[22]杨桦. 竞技体育与奥运备战重要问题的研究[M]. 北京:北京体育大学出版社,2006.

[23]姜雨. 我国竞技体育职业化、市场化发展的理性思考[J]. 沈阳体育学院学报,2011,30(2):20-23.

[24]吴丽君. 我国竞技网球运动可持续发展研究[D]. 太原:山西大学,2010.

[25]于涛. 日本网球发展经验借鉴与启示[J]. 辽宁体育科技,2016,38(1):20-22.

[26]余进波,聂丹. 我国网球职业化前景的 SWOT 分析[J]. 体育学刊,2008(8):35-39.

[27]龚希丹,刘青. 中国女子网球"单飞"面临的困境及对策研究[J]. 武汉体育学院学报,2010,44(7):89-92,96.

[28]田园,刘青."举国体制"与职业化的融合——中国女子网球登顶世界的成因分析[J]. 首都体育学院学报,2007(2):75-78,84.

[29]王艳. 中国女子竞技网球职业化发展现状及对网球职业化改革设想的初步研究[D]. 北京:北京体育大学,2005.

[30]梁高亮,张光伟. 我国女网单飞模式与举国体制辩证关系研究[J]. 河北体育学院学报,2010,24(4):54-57.

[31]刘世军. 内善技术,外修体制——谈中国竞技网球职业化发展的两大着眼点[J]. 北京体

育大学学报,2008(4):569 - 571.

[32]程晨. 我国女子网球运动员职业化发展途径的研究[D]. 武汉:武汉体育学院,2014.

[33]钟秉枢. 职业体育理论与实证[M]. 北京:北京体育大学出版社,2006.

[34]何振强. 探制约中国网球可持续发展瓶颈的解决途径[J]. 体育科技文献通报,2006(3):25 - 27.

[35]张继辉. 论中国网球事业发展三元治理新模式[J]. 北京体育大学学报,2010,33(8):135 - 137,141.

[36]新华社. 走中国特色的网球职业化道路. http://sports. tom. com,2006 - 1 - 27.

[37]孙晋芳. 抓住机遇,再接再厉,争取网球运动再上新台阶[C]. 第五届全国网球训练工作会议文件汇编. 国家体育总局网球运动管理中心,2005.

[38]余丽桥. 2001—2004 国家网球女队总结[Z]. 第五届全国网球训练工作会议文件. 2005.

[39]蒋宏伟. 试论中国网球从"专业化"向职业化的转变[J]. 南京体育学院学报(社会科学版),2011,25(3):1 - 6.

[40]孙晋芳. 锐意改革 不断进取,努力实现中国网球更大突破[J]. 北京体育大学学报,2009,32(2):1 - 7.

[41]谢青青. 转型期我国国家网球队组织管理体制的矛盾与冲突及其对策研究[D]. 北京:北京体育大学,2010.

[42]黄欣,周昀. 行政垄断与反垄断立法研究[J]. 中国法学,2001(3):97 - 105.

[43]苏雄. 中国网球走职业化道路的可行性研究[J]. 哈尔滨体育学院学报,2005(4):86 - 87.

[44]于鹏,段鑫. 浅析我国网球市场存在的问题及对策[J]. 科技创业月刊,2010,23(8):70 - 71.

[45]王小朋. 我国体育职业化研究综述[J]. 体育文史,2001(3):33 - 34.

[46]刘青,王良佐,唐小林,余丽乔,张琪,杨志康. 提高我国优秀网球女子双打运动员竞技水平的研究[J]. 中国体育科技,2005(2):75 - 78,84.

[47]黄衍存. 我国竞技体育后备人才培养现状及对策研究[J]. 福建体育科技,2007(5):11 - 13.

[48]鲍明晓. 竞技体育在两种经济体制下运行特点分析[J]. 体育科学,1998(1):3 - 5.

[49]卢元镇. 体育的社会文化审视[C]. 北京:北京体育大学出版社,1996.

[50]修晓雨,马振东. 关于中国体育改革与社会改革的分析[J]. 教育与职业,2005(8):21 - 22.

[51]徐金华. 关于我国体育体制特点及其发展的研究[J]. 南京体育学院学报(社会科学版),2003(6):44-46.

[52]梁晓龙. 当前我国体育职业化(市场化)改革必须明确的几个基本理论问题[J]. 体育科研,2005(2):1-4.

附　件

关于中国竞技网球职业化发展模式研究的相关问题
——与相关专家探讨纲要

尊敬的专家：

您好！众所周知，竞技网球职业化发展道路是世界网球运动的历史趋势，我国的竞技网球事业同样面临职业化。但目前，我国竞技网球的职业化发展道路和西方较为成熟的网球职业化发展道路存在较大差异，在运行过程中出现了许多现实问题，制约着我国竞技网球职业化的进一步发展。因此，目前寻找一条既顺应世界竞技网球职业化发展，又适合我国国情的，具有中国特色竞技网球职业化发展的道路已经成为我国竞技网球运动可持续发展亟待解决的突出问题。进行中国特色竞技网球职业化发展道路的研究，不仅能够完善中国特色竞技体育发展道路的内容体系，而且将极大地丰富网球运动理论体系。

关于几个问题，想要和您商榷，以期得出问题的正确结论。

问题一：您认为我国竞技网球实行职业化道路以来，我国竞技网球事业是否真正得到了发展?

问题二：您认为现阶段制约我国竞技网球职业化发展的因素有哪些?

问题三：您认为举国体制在我国网球项目运动发展中起着什么样的作用?

问题四：您认为现阶段我国是否可以照搬西方职业网球运动员的家庭培养模式?

问题五：您认为现阶段我国实行一种什么样的竞技网球发展模式比较合适?

是完全走职业化道路，是完全靠举国体制发展，还是实行举国体制下的职业化双轨制发展模式？

问题六：您认为我国竞技网球走职业化道路发展的本质是什么？

问题七：您认为我国竞技网球职业化发展的目标是什么？

问题八：您认为走具有中国特色的竞技网球职业化发展模式，国家体育总局网球运动管理中心应该在管理体制、机制等方面做到哪些？

问题九：您认为目前我国的网球市场应该如何发展？

谢谢各位专家能在百忙之中接受访谈！